MAMA SELFCARE

DR. CAROLINE BOYD

MAMA SELFCARE

Mit Achtsamkeit und Selbstfürsorge durch das erste Jahr mit Baby

DK

Für meine Lieben
Laurie, Isla und Reuben

Inhalt

Vorwort

Mutter zu werden verändert das Leben. Achtsamkeit lehrt Sie, Ihr Herz für die Höhen und Tiefen der Mutterschaft zu öffnen und die Verbundenheit mit sich selbst, Ihrem Baby und der Welt um Sie herum zu stärken.

Als ich zum ersten Mal Mutter wurde, riet man mir: »Vertraue einfach deinem Instinkt.« Ich erinnere mich, dass ich damals dachte: »Welchem Instinkt denn bitte?« Erst allmählich erkannte ich, dass die Eingewöhnung in meine neue Rolle als Mutter ein Prozess war, bei dem ich lernte, die Signale meines Babys zu verstehen und welche Art von Mutter ich sein wollte. Der Mythos, dass Frauen instinktiv wissen, wie man sich als Mutter zu verhalten hat, ist Teil des Supermama-Mythos. Er lässt uns glauben, dass wir unsere Mutterrolle immer lieben und ihr stets gerecht werden müssen und hat seinen Ursprung in der Mutterschaftsideologie eines westlichen patriarchalischen Systems. Die zitierte Forschung dazu stützt sich meist auf europäische, gebildete Gruppen. Ich berücksichtige auch nicht-westliche nachgeburtliche Praktiken, erkenne aber an, dass auch diese ihre Grenzen haben.

Die chaotische Realität der Mutterschaft lehrt uns, dass es unmöglich ist, dem Mythos der Supermama gerecht zu werden. In meiner klinischen Arbeit mit jungen Eltern erlebe ich, dass viele Frauen (und Männer) Schwierigkeiten mit ihrer neuen Rolle haben. Umso mehr hoffe ich, dass dieses Buch Ihnen hilft, sich gesehen und verstanden zu fühlen. Ein Baby wird höchstwahrscheinlich all Ihre früheren Identitäten, Gefühle

und Beziehungen auf den Kopf stellen. Wenn Sie aber in die neue Rolle hineinwachsen, bietet sich Ihnen eine einzigartige Gelegenheit zur Weiterentwicklung, indem Sie alte Geschichten und Muster, die Ihnen nicht länger dienlich sind, neu bewerten.

Achtsamkeit ermöglicht Ihnen zu beleuchten, was Ihnen im Moment am meisten hilft. Anstatt Ihre Gedanken als unumstößliche Wahrheit zu betrachten, können Sie eine Beobachterposition einnehmen, einen Schritt zurücktreten und mit Mitgefühl reagieren. Ein achtsames Leben hilft Ihnen, sich nur auf das Wesentliche zu konzentrieren.

Meine Botschaft an alle Mütter lautet: Achtet auf euch selbst! Als Mädchen wird uns das oft nicht beigebracht, aber es ist für unser Wohlbefinden von entscheidender Bedeutung. Probieren Sie nur die Meditationen, Affirmationen, Visualisierungen, Yogaübungen, Ernährungstipps und natürlichen Heilmittel in diesem Buch aus, die sich für Sie richtig anfühlen – nichts ist vorgeschrieben. Neugierig und reflektiert zu bleiben ist der Schlüssel zur Mutterschaft. Es ist in Ordnung, *nicht* alle Antworten zu kennen. Ich hoffe, dieses Buch ermutigt Sie, eine liebevollere Beziehung zu sich selbst aufzubauen und die Mutter zu werden, die Sie sein möchten.

Caroline

ACHTSAMKEIT ÜBEN

Mutter zu werden bringt tiefgreifende Veränderungen mit sich. Hinzu kommt häufig noch der Druck, von Anfang an perfekt sein zu wollen. Die Praxis des achtsamen Mitgefühls gibt Ihnen jedoch Werkzeuge an die Hand, durch die Sie selbst Ruhe finden, Ihr Baby beruhigen und sich in Ihrer neuen Rolle als Mutter annehmen können.

EINFÜHRUNG

Eine achtsame Mutter sein

Achtsamkeit bedeutet, dem gegenwärtigen Moment Aufmerksamkeit zu schenken, ohne ihn zu bewerten. So gelingt es Ihnen leichter, Ihr Herz für die Höhen und Tiefen der Mutterschaft zu öffnen.

Vielleicht haben Sie den Moment schon erlebt, in dem Sie das erste Mal allein mit Ihrem Neugeborenen sind. Und vielleicht haben Sie sich gefragt: »Bin ich all dem überhaupt gewachsen?« Elternschaft ist eine der schwierigsten Aufgaben überhaupt, und leider gibt es dafür kein Handbuch. Sie ist chaotisch, aber auch wundervoll, und Sie müssen irgendwie damit zurechtkommen. Durch Achtsamkeit gelingt es Ihnen, sich mit Ihrem inneren Erfahrungsschatz zu verbinden und ganz für Ihr Baby da zu sein. Die Praxis der Achtsamkeit lässt Sie standfest wie eine Eiche bleiben, während um Sie herum die Stürme der Elternschaft toben.

Zweifellos wird Ihr Kind Ihnen Momente der Zärtlichkeit, des Staunens und der Freude bescheren, starke Gefühle auslösen und Ihre Grenzen austesten. Anstatt weiteren Druck aufzubauen, hilft Ihnen Achtsamkeit, sich auf die gesamte Bandbreite der Gefühle einzustimmen. Achtsamer zu werden ermöglicht Ihnen, problematische Gefühle schon zu bemerken, sobald sie auftauchen, anstatt sich dafür zu verurteilen, dass Sie sie haben.

Die Wurzeln der Achtsamkeit liegen in der Lehre Buddhas, auch »dharma« genannt. Das Sanskritwort bedeutet in etwa »das, was feststeht«. Achtsamkeit bedeutet, die Aufmerksamkeit nach innen auf die Gedanken, Emotionen und Empfindungen zu richten, ohne sich ihnen zu widersetzen oder sich in vergangenen Sorgen und zukünftigen Ängsten zu verfangen.

Mutterschaft kann stressig sein: Das Akzeptieren dieser Rolle, einschließlich aller negativen Gefühle, schafft Raum, um zu agieren, anstatt zu reagieren. Lassen Sie den Irrglauben los, dass es einen »richtigen« Weg gibt, gute Eltern zu sein, und dass man Dinge auf eine ganz bestimmte Weise tun muss. Um weise Entscheidungen für sich und Ihr Baby zu treffen, fragen Sie sich in schwierigen Zeiten: »Was ist genau jetzt am wichtigsten?«

Achtsamkeit üben

Die sechs Säulen der Achtsamkeit *(siehe S. 13)* werden Sie in Ihrer neuen Rolle als Mutter unterstützen, indem sie Ihnen die Werte Geduld, Akzeptanz, Vertrauen und Loslassen näherbringen. Ihre Vorstellung von Mutterschaft ist wahrscheinlich von der Gesellschaft und Ihren eigenen Erfahrungen geprägt. Vielleicht haben Sie ein Fantasiebild im Kopf, wie Sie als Eltern sein werden und wie sich Ihr Baby verhalten wird. Oder Sie setzen sich mit Ihrer Erwartung, perfekte Eltern sein zu müssen, selbst unter Druck. Dies hängt mit dem Mythos der »Supermama« zusammen, der uns weismacht, dass Mütter immer gelassen bleiben und alles im Griff haben sollten. Wenn Sie erkennen, wann Sie mal wieder versuchen, Supermama zu sein, können Sie entsprechend reagie-

»Durch Achtsamkeit gelingt es Ihnen, ganz bei sich und Ihrem Baby zu sein.«

ren, ohne das Bedürfnis zu haben, alles kontrollieren zu müssen.

Manchmal ist es auch schwer, mit dem ständigen Auf und Ab fertig zu werden: An manchen Tagen fühlen Sie sich gut, alles läuft wie am Schnürchen. An anderen Tagen sind Sie müde und voller Selbstzweifel – Sie können einfach nichts »richtig« machen. Selbstkritische Gedanken entstehen oft in stressigen Momenten: Sie fühlen sich schlecht und verurteilen sich selbst dafür, dass Sie sich so fühlen. Wenn Sie jedoch lernen, Ihre Aufmerksamkeit umzulenken, können Sie Ihren inneren Kritiker zum Schweigen bringen und so Ihre Zweifel und Ängste verringern.

Inmitten all der Geschäftigkeit einer Mutterschaft bietet Achtsamkeit eine einzigartige Gelegenheit, das Tempo des Alltags zu verlangsamen, indem Sie in den »Sein«-Modus wechseln. Eine tiefere Verbindung mit sich selbst und damit auch mit Ihrem Baby bringt »Herzenswärme« mit sich. Selbst an Tagen mit größtem Schlafmangel helfen Ihnen diese Tools, innere Ruhe zu finden. Die Visualisierungen und Werteübungen werden Sie dabei unterstützen, sich Ihre eigene innere Weisheit zu erschließen und die Mutter zu werden, die *Sie* sein möchten.

Vorteile der Achtsamkeit

Die Forschung zur Achtsamkeit weist auf viele Vorteile hin. So hat sich gezeigt, dass Achtsamkeit den Stress junger Eltern reduzieren und sogar Bereiche im Gehirn verändern kann: Achtsame Meditation kann die Verbindung zwischen unserem »denkenden« Gehirn (präfrontalem Kortex) und unserem »fühlenden« Gehirn (Amygdala und Hirnstamm) stärken.

DIE SECHS SÄULEN DER ACHTSAMKEIT

Diese miteinander verflochtenen »Säulen« werden Ihnen helfen auf Ihre Gedanken und Gefühle zu achten und die Verbindung zu Ihrem Baby zu stärken.

Anfängergeist

Den Anfängergeist zu kultivieren bedeutet, jeden einzelnen Moment mit neuen Augen zu sehen – ungetrübt von vorgefassten Meinungen und Erwartungen an die Mutterschaft.

Nicht urteilen

Wenn Sie lernen, kritische und selbstkritische Gedanken zu erkennen, können Sie davon Abstand nehmen, anstatt sich darin zu verfangen. Lassen Sie diese Gedanken einfach an sich vorbeiziehen wie Blätter in einem Bach.

Geduld

Man sagt, Geduld sei die höchste Form der Liebe. Achtsamkeit lehrt Sie, Geduld zu bewahren, denn bis Ihr Baby seinen Rhythmus in seinem eigenen Tempo findet, werden Sie viel Geduld und Mitgefühl benötigen (*siehe S. 18*).

Vertrauen

Die Menge an Informationen – sowohl on- als auch offline – ist oft erdrückend. Wenn Sie Vertrauen in Ihre eigene Expertise entwickeln, können Sie sich auf Ihre Intuition verlassen, um weise Entscheidungen zu treffen.

Akzeptanz

Akzeptieren Sie die Dinge wie sie sind, inklusive aller schwierigen Emotionen, anstatt zu wünschen, dass etwas auf eine bestimmte Art und Weise sein sollte. Dadurch entsteht eine Klarheit, die ganz neue Möglichkeiten eröffnet.

Loslassen

Achtsamkeit bedeutet, unmögliche Erwartungen loszulassen und wohlwollend auf unangenehme Gefühle oder Situationen zu blicken. Streichen Sie »sollte« und »muss« aus Ihrem Wortschatz und lassen Sie die Dinge so sein, wie sie sind.

Wie geht es Ihnen?

Bei der Geburt eines Babys wird auch eine Mutter geboren. Diese Veränderung kann physisch und emotional ein Schock sein. Achtsamkeit lehrt Sie, eine liebevollere Beziehung zu sich selbst zu entwickeln.

Vielleicht erfüllt Ihre neue Rolle als Mutter Sie mit Stolz, aber auch mit Angst, weil Sie sich nun um diesen kleinen Menschen kümmern müssen. Sie mögen Ihr Baby über alles lieben, fühlen sich aber zu Hause gefangen. Vielleicht begrüßen Sie Ihre neue Identität, trauern aber Ihrem Leben vor der Geburt nach. Solche widersprüchlichen Gefühle sind ganz normal, ebenso wie der intensive emotionale Aufruhr zu Beginn der Mutterschaft.

Matreszenz

Es kann hilfreich sein, die enormen Veränderungen bei diesem Übergang im Kontext der »Matreszenz« zu sehen. Dieser Begriff wurde 1973 von der Anthropologin Dana Raphael geprägt und von der Perinatalpsychiaterin Dr. Alexandra Sacks populär gemacht. Die Matreszenz vergleicht den Prozess des Mutterwerdens mit dem der Adoleszenz. Genau wie Teenager navigieren auch junge Mütter aufgrund bedeutender Veränderungen von Gehirn, Körper und Identität durch emotional turbulente Gewässer. Es gibt Hinweise auf Veränderungen im Gehirn von Schwangeren, die noch mindestens zwei Jahre nach der Geburt anhalten und mit verstärkten Ängsten in Zusammenhang

»Die Anpassung an Ihre neue Identität braucht Zeit.«

stehen. Die betroffenen Gehirnregionen regulieren die Fähigkeit, sich in andere einzufühlen. Man vermutet, dass die Mutter dadurch die Bedürfnisse ihres Babys, aber auch potenzielle Bedrohungen besser erkennt. Das erklärt Ihr starkes Verlangen, Ihr Baby zu schützen und sich um seine Bedürfnisse zu kümmern, auch wenn die Verantwortung erdrückend sein kann. Und es zeigt, dass Ihr erstaunliches mütterliches Gehirn genau das tut, was es soll.

An die neue Rolle anpassen
Frischgebackene Mütter werden oft von dem Tempo überrascht, in dem sich ihr Identitätswechsel vollzieht. Viele haben eine berufliche Karriere und fühlen sich in dieser Rolle einigermaßen kompetent. Unsere Kultur, in der Erfolg mit Produktivität gleichgesetzt wird, macht die Anpassung an das langsamere Leben zu Hause mit dem Baby nicht gerade leicht. Dazu kommt oft noch der Druck durch externe

Erwartungen, eine »gute« Mutter zu sein. Dieser mächtige Mythos, den wir Frauen von klein auf verinnerlichen, lässt uns glauben, dass wir immer perfekt sein müssen und jede Art von negativen Gefühlen uns zu Versagerinnen abstempelt. Zählt man dann noch die großen hormonellen Veränderungen, den Schlafmangel und den möglichen Verlust sozialer Kontakte hinzu, ist es kein Wunder, dass jede fünfte Frau nach der Geburt unter depressiven Verstimmungen leidet. Hinweise zur Suche nach Hilfe finden Sie auf Seite 214.

Hilfe annehmen

Was frischgebackene Mütter brauchen, ist sich gehalten, gehört und verstanden zu fühlen. Dabei sind die Beziehungen in Ihrer Umgebung entscheidend. Durch die bewusste Gestaltung Ihres Unterstützerkreises *(siehe S. 78)* können Sie ein Netzwerk aus vertrauenswürdigen Personen aufbauen, die unterschiedliche Arten von Hilfe bieten. Da ein Neugeborenes die Paarbeziehung belasten kann, werden die Partnerübungen in diesem Buch Sie beide dabei unterstützen, einander verbunden zu bleiben.

»Der achtsame, wohlwollende Umgang mit sich selbst kann viel bewirken.«

Im Mittelpunkt Ihrer neuen Familie steht die Beziehung zwischen Ihnen und Ihrem Baby. Sie wird mit der Zeit immer stärker, je besser Sie sich kennenlernen. Eine achtsame Herangehensweise an den Umgang mit Ihrem Baby wird Ihnen helfen, bewusst vom »Tun« zum »Sein« zu wechseln, indem Sie und Ihr Baby durch geduldiges Ausprobieren einen gemeinsamen Rhythmus finden und sich aufeinander einstimmen *(siehe S. 68)*.

Achtsamkeit praktizieren

Um für Ihr Baby ein sicherer Hafen zu sein, müssen Sie selbst einen inneren Ort der Sicherheit entwickeln und andere Menschen um Unterstützung bitten. Möglicherweise funktionieren nach der Geburt Ihre Bewältigungsstrategien nicht mehr, durch die Sie sich bisher zentrieren und erden konnten. Ausreichend Schlaf und Aktivitäten, die Ihnen Spaß machen, werden erst einmal zu kurz kommen. Vielleicht kommt auch noch ein schlechtes Gewissen hinzu, weil Sie in Ihrer neuen Rolle nicht nur positive Gefühle haben. Dabei ist es jedoch enorm wichtig, dass Sie all Ihren Gefühlen mit Verständnis und Wohlwollen begegnen.

Achtsamkeit zu praktizieren lehrt Sie, sich selbst mehr zu akzeptieren, was als junge Mutter vielleicht die schwierigste Aufgabe überhaupt ist. Wenn Sie lernen, Ihre Gefühle – Liebe, Angst, Wut, Trauer – anzunehmen, werden Sie erkennen, dass Ihre Emotionen, egal, wie unangenehm sie sind, immer im Fluss sind und vergehen. Das Kennenlernen Ihrer reichen inneren Welt hilft Ihnen auch dabei, sich weniger von Erwartungen beherrschen zu lassen und mehr mit sich selbst als Mutter, die »gut genug« ist, in Kontakt zu treten *(siehe S. 113)*.

Achtsames Mitgefühl

Liebe, auch die Mutterliebe, entwickelt sich im Lauf der Zeit durch beständiges Einfühlen und Bemühen sowie stete Fürsorge. Bei vielen Frauen wächst die Mutterliebe, wenn sie in ihrer Rolle selbstbewusster werden.

Was bedeutet der Begriff »Mutterliebe« für Sie? Die Liebe zwischen Mutter und Baby führt zu hormonellen Schwankungen, die der romantischen Liebe ähneln. Innige Momente setzen Oxytocin und Dopamin frei und erzeugen ein Gefühl von Freude und Geborgenheit. Doch damit ist es nicht getan.

Wie gut wir in unserer Rolle als Mutter lernen und wachsen können, hängt davon ab, wie geborgen und unterstützt wir uns in unserer Umgebung fühlen. In westlichen, individualistischen Kulturen leiden Frauen oft unter Isolation, da sie die Last der Mutterschaft allein tragen. Ein weiterer Druck, dem moderne Mütter ausgesetzt sind, ist die Vorstellung, dass Mutterschaft etwas Instinktives sei und wir Frauen von Natur aus wüssten, was zu tun ist. All die Hoffnungen, Fantasien und Ängste, die wir in unsere neue Rolle mitbringen, werden von unseren eigenen Erziehungserfahrungen und dem Mythos der »Supermama« geprägt *(siehe S. 111)*.

Hier sitzen wir also in diesem neuen Chaos und stellen fest, dass wir einen ganzen Cocktail an Emotionen empfinden, die absolut nicht der gesellschaftlichen Norm der freudigen Glückseligkeit entsprechen. Solche falschen Erwartungen machen uns das Leben schwer, denn in Wirklichkeit müssen wir erst lernen, eine Mutter zu sein.

Selbstfürsorge

Wie meistern wir diese Herausforderungen also am besten? Unterstützung durch unsere Mitmenschen ist wichtig, doch noch mehr sollten wir uns um uns selbst kümmern. Erst wenn wir gelernt haben, uns selbst zu beruhigen, können wir auch das Baby beruhigen. Achtsamkeit lehrt uns, mit Mitgefühl auf unseren Geist und Körper zu achten.

Das passiert im Gehirn

Ein Grund, warum wir manchmal mit unseren Gefühlen hadern, ist unser heikles »emotionales« Gehirn. Wir Menschen haben zwei verschiedene Gehirnsysteme – eines davon funktioniert ähnlich wie das Gehirn von Tieren. Das ist unser »emotionales« Gehirn, das sich vor vielen Millionen Jahren entwickelt hat und hochgradig sensibilisiert ist für Bedrohungen. Es ist auf Überleben, Fortpflanzung und Schutz für uns und unser Neugeborenes gepolt. Emotionen wie Angst, Wut und Traurigkeit steuern unser Abwehrverhalten und lösen Kampf-, Flucht- oder Erstarrungsreaktionen aus.
Was uns von den Tieren unterscheidet, ist unser »rationales« Gehirn. Dieser entwicklungsgeschichtlich jüngere Teil des Gehirns ist in unseren Frontallappen angesiedelt. Er versetzt uns in die Lage, unsere Aufmerksamkeit und Vorstellungskraft zu nutzen, zu fantasieren, zu denken, zu argumentieren und zu planen. Dieses höhere Bewusstsein sowie unser Selbstempfinden machen uns Menschen aus.

Das Problem ist, dass die Fähigkeit, über uns selbst nachzudenken und die Frage, wie andere uns wahrnehmen, Leid *verursachen* kann. Wenn es zum Beispiel unserem Baby nicht gut geht oder wir glauben, versagt zu haben, gewinnt unser »emotionales« Gehirn die Oberhand und schon geraten wir in eine Endlosschleife aus Angst und Selbstverurteilung.

Mitgefühl als Gegenmittel

Leid begegnet man am besten mit Mitgefühl. Das bedeutet zweierlei: Mut, sich dem Leid in uns selbst und in anderen zuzuwenden – und Verantwortung, dieses Leid sanft und entschieden zu lindern.

Es ist lebenslange Arbeit, unser Mitgefühl durch die bewusste Verbindung zu unserem »emotionalen« Gehirn zu stärken. Selbstfürsorge bedeutet nicht, sich gehen zu lassen – es geht darum, mitfühlende Entscheidungen zu treffen, wie zum Beispiel »Nein« zu sagen. Achtsames Mitgefühl lehrt uns, Emotionen, die wir als Mütter haben, zu erkennen und ohne Selbstvorwürfe zu tolerieren.

Das angepasste Drei-Kreise-Modell von Professor Paul Gilbert (rechts) zeigt die emotionalen Systeme, die uns helfen, zu überleben und zu gedeihen.

Bedrohungssystem

Unser Bedrohungssystem wird von unseren Genen und Lebenserfahrungen geprägt. Dieses System ist hochsensibel und reaktiv. Das Leben mit einem neuen Baby bringt viele neue Ängste oder »Was wäre wenn«-Sorgen um die Sicherheit unseres Babys mit sich. So wie eine Bedrohung auf Leben und Tod, etwa ein Raubüberfall, unser internes Alarmsystem auslöst, senden all diese Ängste das gleiche Gefahrensignal aus und aktivieren so die Kampf-, Flucht- und Erstarrungsreaktion in unserem sympathischen Nervensystem. Adrenalin- und Cortisolschübe energetisieren und bereiten unseren Körper auf eine Reaktion vor. Wir atmen schneller und unsere Herzfrequenz erhöht sich. Bei einer sehr starken Bedrohung verspüren wir möglicherweise eher hemmende Reaktionen in unserem Körper, wie z. B. Erstarren (sich gelähmt fühlen) oder Beschwichtigen (unterwürfig werden). Dies ist die Art und Weise unseres »emotionalen« Gehirns, uns zu schützen.

Antriebssystem

Das Antriebssystem stimuliert positive und motivierende Gefühle, etwa wenn wir uns verlieben oder berufliche Ziele erreichen. Dabei wird das Hormon

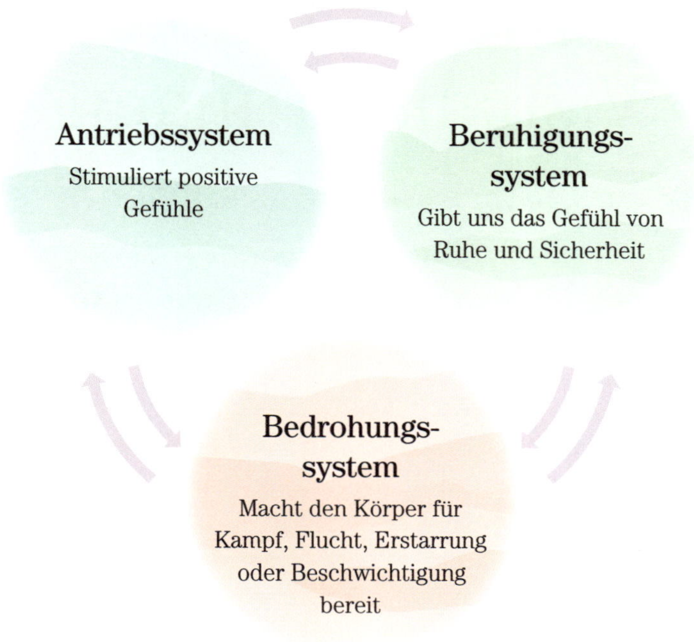

Dopamin freigesetzt, das unser Erfolgserlebnis und Selbstwertgefühl steigert. Gefährlich wird es, wenn das Antriebssystem mit Bedrohung interagiert, etwa weil man aus Versagensangst hart arbeitet oder sich ständig im »Tun«-Modus befindet, um seine Gefühle zu unterdrücken. Bei Müttern ist dies oft durch den Spagat zwischen Kinderbetreuung und häuslichen Aufgaben, kombiniert mit psychischer Belastung *(siehe S. 186)*, der Fall. Die Folge sind nicht selten Erschöpfung und Burn-out.

Beruhigungssystem

Wenn wir uns nicht gegen Bedrohungen verteidigen oder mit unseren Leistungen beschäftigt sind, schaltet sich unser Beruhigungssystem ein, durch das wir uns ruhig und sicher fühlen. Leider wird dieses System oft vernachlässigt. Ein wichtiger Teil des Mitgefühls ist, dass wir lernen, uns selbst zu beruhigen. Unser Beruhigungssystem ermöglicht uns, uns um unsere eigenen Emotionen zu kümmern und uns vorzustellen, was unser Baby fühlt.

Affirmationen und Visualisierungen

Achtsames Mitgefühl lehrt Sie eine liebevollere, stärkere Beziehung zu sich selbst. Mitfühlende Visualisierungen und Affirmationen aktivieren Ihr Beruhigungssystem und besänftigen dadurch auch Ihr Baby.

Die buddhistischen Lehren benutzen für Mitgefühl die Metapher der Lotusblume im Schlamm. Der Schlamm ist Ihr Leid – schwierige, schmerzhafte Gefühle und Gedanken, aber die Lotusblume braucht den Schlamm zum Gedeihen. Leid wirklich zu verstehen bedeutet, in den Schlamm hinabzusteigen und das Leid zu akzeptieren, ohne zu urteilen.

Sich selbst beruhigen

Regelmäßig achtsames Mitgefühl zu praktizieren stärkt die Fähigkeiten Ihres »denkenden« Gehirns, aufwallende starke Gefühle wahrzunehmen. Erkennen Sie diese bereits an ihren ersten Signalen, können Sie ihnen besonnen begegnen, statt von ihnen mitgerissen zu werden, und klug reagieren. Die Visualisierungen stärken

»Lassen Sie Ihren Kampf gegen Angst, Wut und Traurigkeit los, um befreit als Mutter aufzublühen.«

Ihr mitfühlendes Selbst, indem Sie sich Ihre Gefühle wertfrei bewusst machen *(siehe S. 80)* und Ihren inneren Kritiker beruhigen *(siehe S. 126)*. Beruhigen Sie sich mit Affirmationen und Bildern, um Ihr ängstliches oder zorniges Selbst zu besänftigen, indem Sie schwierigen Gefühlen Raum geben *(siehe S. 170 und S. 172)*. Die Übungen lehren Sie auch Selbstvergebung und -akzeptanz, sodass Sie im Beisammensein mit Ihrem Baby vollkommen präsent sind und die Mutter werden, die Sie sein möchten *(siehe S. 188)*.

Die Vorteile

Sich bewusst auf das zu konzentrieren, wofür Sie dankbar sind, hat viele Vorteile, darunter stärkere Beziehungen und das Gefühl, glücklicher, gesünder und positiver zu sein. Für Mütter von entscheidender Bedeutung: Dankbarkeit hilft Ihnen auch, mit Stress umzugehen *(siehe S. 114)*.

Die Forschung zeigt, dass eine halbe Stunde tägliches Üben über nur acht Wochen hinweg zu Gehirnveränderungen bei Menschen führt, die noch nie Mitgefühl praktiziert haben. Regelmäßige Meditationen über liebevolle Güte können tatsächlich Ihre Gene verändern *(siehe S. 76)*.

Elternschaft versetzt Sie unweigerlich in den Bedrohungsmodus – doch mit etwas Übung können Sie Ihr Gehirn und sogar Ihre Gene verändern.

Atmung und Meditation

Der Stress der Mutterschaft kann dazu führen, dass Mütter ständig zwischen »Bedrohungs«- und »Handlungs«-Modus schwanken. Nutzen Sie Ihren Atem als Anker, um Ruhe, Klarheit und Energie zu gewinnen.

Die täglichen Aufgaben können Sie schnell überfordern, wenn Sie hundemüde sind und nicht wissen, ob Sie alles »richtig« machen. Momente der Überforderung, sei es weil das Baby schreit oder Sie sich wegen der endlosen To-do-Liste sorgen, lösen eine starke physiologische Reaktion im Körper aus *(siehe S. 20)*. Im Bedrohungsmodus verlieren Sie die Fähigkeit, im Hier und Jetzt zu »sein«. Negative Gedanken wie »Ich bin nicht gut genug« oder »Mein Baby ist so schwierig« quälen Sie. Vielleicht machen Sie sich Vorwürfe, dass Sie traurig, ängstlich oder wütend sind, weil Sie Botschaften verinnerlicht haben, wie eine »gute« Mutter sich fühlen soll. Dies erzeugt Scham – und befeuert den negativen Kreislauf von Gedanken und Gefühlen.

Wie aber durchbricht man diesen Teufelskreis? Der Psychiater und Psychotherapeut Viktor Frankl sagt: »Zwischen Reiz und Reaktion liegt ein Raum. In diesem Raum liegt unsere Macht zur Wahl unserer Reaktion.« Ein einfacher,

»Atmen Sie bewusst, um sich zu beruhigen, damit Sie achtsam auf Ihr Baby reagieren können.«

BERUHIGENDE RHYTHMUSATMUNG

Sie ist langsamer und tiefer als die normale Atmung, stimuliert Ihr Beruhigungssystem und versetzt Sie in den »Sein«-Modus.

Verlängern Sie Ihre Wirbelsäule, entspannen Sie Ihr Gesicht und konzentrieren Sie sich auf Ihren Atem. Atmen Sie bewusst ein und zählen Sie dabei bis drei. Pause, dann beim Ausatmen bis drei zählen. Die Idee ist, jedes Ein- und Ausatmen zu verlängern und einen Rhythmus zu finden, der Ihnen angenehm ist. Wenn Sie ruhiger werden, verlängern Sie die Ausatmung. Zählen Sie bei jedem Einatmen bis drei und bei jedem Ausatmen bis sechs. Das Verlängern des Ausatmens entspannt und beruhigt.

aber wirkungsvoller Weg, diesen Raum zu schaffen, besteht darin, sich auf den Atem zu konzentrieren. Das heißt nicht, dass Sie alle Ihre Probleme wegatmen können. Aber da der Atem Ihr Bewusstes mit dem Unbewussten verbindet – Geist, Körper und Emotionen –, können Sie damit Ihr Nervensystem regulieren.

Atmung

Lenken Sie Ihre Aufmerksamkeit auf Ihren Atem, zum Beispiel wenn Ihr Baby weint, um innezuhalten. Bewusstes Atmen verlangsamt die Spirale der Überforderung, schafft mentalen Raum und stellt Ihre Denkfähigkeit wieder her. Die kurzen, praktischen Übungen in diesem Buch helfen Ihnen, sich in Stresssituationen selbst zu regulieren. Sie können auch die beruhigende Rhythmusatmung (oben) als erste Übung verwenden, um sich an tägliche Meditation, Affirmation oder Visualisierung zu gewöhnen. Probieren Sie diese Atemtechnik aus, während Sie Kaffee kochen, mit dem Baby an die frische Luft gehen *(siehe S. 116)* oder bevor Sie es füttern *(siehe S. 90)*.

Meditation

Sie fragen sich vielleicht, warum dieses Buch jungen Müttern Meditation vorschlägt, wenn Sie bereits so viel zu tun haben. Stress raubt emotionale Energie, und in einer Kultur, die Geschäftigkeit verherrlicht, ist es wichtig, Gehirn und

Körper die Möglichkeit zu geben, sich zu entspannen – um Stress abzubauen und das Nervensystem zu regenerieren. Umgekehrt gibt Ihnen das Herbeiführen eines entspannten Zustands (sei es nur für 5 bis 10 Minuten) neue Energie. Den Tagesablauf durch kurze Meditationen zu unterbrechen ist nicht egoistisch oder ein Zeichen von Faulheit. Es ist entscheidend für Ihr Selbstwertgefühl und ermöglicht Ihnen, Ihre Energiespeicher aufzufüllen. Diese Zeit für sich selbst zu beanspruchen, erfordert aktives Bemühen – niemand sonst wird das für Sie tun. Wenn Sie diese Übungen befolgen, wird Ihr Beruhigungssystem aktiviert, was wiederum Ihrem Baby zugute kommt.

Die Vorstellung, dass Meditation den Geist klärt, ist ein Mythos. Gehirn und Körper sind immer im Fluss – Gedanken, Gefühle und Körperempfindungen schwanken in ihrer Intensität. Ob Sie eine kurze Meditation durchführen *(siehe S. 54)* oder achtsame Momente genießen *(siehe S. 72 und S. 82),* Sie werden wacher und befinden sich besser in Einklang mit Ihrer inneren

Welt. Wenn Sie die Aufmerksamkeit achtsam nach innen lenken, können Sie urteilsfrei auf alles achten, was auftaucht. Dazu gehört auch, schmerzhafte Gefühle und Empfindungen wahrzunehmen. Betrachten Sie unangenehme Gedanken als »geistige Ereignisse«, die Sie freundlich anerkennen und loslassen, denn Ihr »emotionales« Gehirn versucht nur, Sie zu beschützen. Sie erfahren auch, dass sich schmerzhafte Emotionen ständig verändern – wie Wellen erreichen sie einen Höhepunkt, der wieder abflaut. Sie lernen, Ihrer Fähigkeit zu vertrauen, diese Gefühle auszusitzen. Sie werden Sie nicht zerstören. Meditation lehrt Sie, Ihre Emotionen zu verstehen und zu pflegen, anstatt sie zu bekämpfen.

Vorteile der Meditation

Zu den kumulativen Vorteilen der Meditation gehören die Stärkung von Bereichen des Gehirns, die mit emotionaler Regulation und Empathie verbunden sind, wie präfrontaler Kortex, Hippocampus und Insula *(siehe S. 12)*. Man hat festgestellt, dass diese positiven Veränderungen des Gehirns die emotionale und körperliche Gesundheit erheblich steigern sowie Aufmerksamkeit und Akzeptanz erhöhen. Die Forschung zeigt, dass Meditation Schlafqualität, Stimmung und Wohlbefinden steigert sowie Depressionen reduziert.

Warnung

Wenn es Sie physisch oder psychisch zu sehr belastet, die Aufmerksamkeit auf Atem oder Körper zu lenken, konzentrieren Sie sich zuerst nur auf den Raum um Sie herum *(siehe S. 116)*. Sollten Sie weiterhin extreme Belastung verspüren, sprechen Sie mit einer Person Ihres Vertrauens und suchen Sie sich Unterstützung *(siehe S. 214)*.

»Meditation schenkt Ihnen Raum und Zuversicht in Ihrer Rolle als Mutter.«

Naturheilmittel

Diese natürlichen Heilmittel und Rituale, von denen viele auf altem Wissen beruhen, werden Ihnen helfen, sich gestärkt und umsorgt zu fühlen. Sie stellen das mütterliche Wohlbefinden in den Mittelpunkt.

Die unbedenklichen natürlichen Heilmittel in diesem Buch wurden einst von älteren, erfahrenen Frauen an werdende Mütter weitergegeben. Manche dieser Heilmittel können medizinische Optionen ergänzen; andere haben möglicherweise eine stärkere, weil ganzheitliche, therapeutische Wirkung. Besprechen Sie in jedem Fall alles, was Sie einnehmen, zuerst mit Ihrem Arzt.

Sich selbst zur Priorität zu machen ist für Ihre Genesung und Ihr Selbstwertgefühl als Mutter unerlässlich und auch für Ihr Baby von Vorteil. Kultivieren Sie einen mitfühlenden, achtsamen Umgang mit sich, um Ihrem Körper bei der Heilung zu helfen und Sie bei all dem Stress und den Belastungen der Elternschaft emotional zu unterstützen.

Optimale Dammpflege

Stellen Sie sich nach der Geburt Kompressen her, um vaginale Blutergüsse und Schmerzen zu lindern *(siehe S. 94)*. Vertrauen Sie Ihr Baby einige Tage nach der Geburt Ihrem Partner oder einer zuverlässigen Person an, während Sie sich in einem warmen Kräuterbad entspannen, das die Heilung des Damms fördert *(siehe S. 99)*.

»Wählen Sie die Heilmittel aus, die für Sie am besten sind.«

»Kommen Sie Ihrem Bedürfnis nach, Ihre Reserven aufzufüllen.«

Wochenbettpflege

Viele junge Mütter haben Angst vor dem ersten Stuhlgang nach der Geburt. Flohsamenpulver ist ein natürlicher Stuhlweichmacher *(siehe S. 56)*. Sollten Angstzustände auftreten, wenden Sie Ihren beruhigenden Atemrhythmus an *(siehe S. 25)*, der den Beckenboden entspannt.

Kühlpackungen, kühle Hamamelis und Kräuterbäder können Entzündungen reduzieren und Hämorrhoiden schrumpfen lassen *(siehe S. 94 und S. 99)*. Stärkende Säfte können nach einem Blutverlust neue Energie schenken und sind eine gute Alternative zu festen Nahrungsergänzungsmitteln *(siehe S. 56)*.

Hilfe bei Stillproblemen

Wenn die Milch einschießt, können sich Ihre Brüste sehr hart und prall anfühlen und schmerzen. Kühle Wirsingblätter auf der Brust *(siehe S. 56)* und häufiges Anlegen des Babys können die Schwellung lindern.

Aromatherapie

Fühlen Sie sich überfordert, können ätherische Öle Sie erden *(siehe S. 132)*. Sie können auf Ihre Achtsamkeits-Praktiken zurückgreifen und Ihren Atem als Anker benutzen *(siehe S. 25)*, während Sie den Duft Ihres ausgewählten ätherischen Öls auf einem Taschentuch einatmen. Wenn Ihr Baby älter ist, werden Sie öfter kleine Zeitnischen für sich haben. Diese können Sie auch mit Ihrem Partner für eine sinnliche Massage mit einer individuellen Mischung aus verschiedenen ätherischen Ölen nutzen *(siehe S. 196)*.

Den Schlaf fördern

Schlafunterbrechungen gehören oft zur Mutterschaft dazu, aber das bedeutet nicht, dass Sie Erschöpfung als Ihr Los akzeptieren müssen. Ruhen Sie, wann immer Sie können, und entspannen Sie sich vor dem Schlafengehen *(siehe S. 165)* z. B. mit einem beruhigenden Kräutertee *(siehe S. 118)* oder mit ätherischen Ölen *(siehe S. 165)*.

Bewegungs- und naturbasierte Praktiken

Bewegung ist Medizin, die den Kopf frei macht und die Aufmerksamkeit auf den Körper lenkt. Die achtsame Verbundenheit mit der Natur, insbesondere mit Wasser, entgiftet, baut Stress ab und bessert die Stimmung.

Mit den emotionalen Höhen und Tiefen der Elternschaft klarzukommen ist oft nicht einfach. Bei aller Freude und allem Staunen können Stressoren wie Schlafentzug, Isolation, Stillprobleme und die »Gespenster im Kinderzimmer« *(siehe S. 151)* schwierige Gefühle hervorrufen. Da deren Unterdrückung wertvolle emotionale Energie verbraucht, sollten wir uns bewusst machen, wie wir diese Emotionen im Körper spüren. Wenn uns bewusst wird, dass sich Gefühle in körperlichen Empfindungen ausdrücken, können wir auf unsere Bedürfnisse einzugehen lernen – sei es mit Ruhe, achtsamem Essen, Gehen, Schwimmen oder »Nein« sagen zu etwas, das für uns keine Priorität hat. Auf den Körper zu hören erfordert etwas Übung, denn gerade nach der Geburt haben viele Frauen keinen rechten Zugang zu ihm.

»Die Schwerelosigkeit im Wasser befreit Sie für eine Weile von der Last des Mutterseins.«

Achtsamkeit lehrt uns, uns unserer inneren Erfahrung zu widmen und die Weisheit unseres Körpers anzuerkennen; sie erzählt viel von unserem Leid. Wir lernen, starken Gefühlen mit Mitgefühl und Freundlichkeit zu begegnen.

Blaue Therapie

In Wasser einzutauchen kann beruhigen, Konzentration und Wohlbefinden steigern, Ängste abbauen, die Kreativität anregen, die Schlafqualität verbessern und Schmerzen lindern. Schon das Betrachten von Meeresbildern oder das Meer als einen »besonderen Ort« zu visualisieren *(siehe S. 134)* wirkt beruhigend.

Schwimmen ist eine großartige, belastungsarme Aktivität. Wenn Sie Kälte gut vertragen, befördert Sie das Eintauchen in kühles Nass direkt in den gegenwärtigen Moment. Auch nur das Gesicht mit eiskaltem Wasser zu bespritzen, aktiviert das Beruhigungssystem *(siehe S. 168)*. Schwimmen im kalten Wasser kann wohltuend sein,

»

indem es Angstzustände lindert, die Immunabwehr stärkt und die Aufmerksamkeit auf den Atem, den Körper und die Umgebung richtet. Ein Erfolgsgefühl und ein euphorisches Hoch nach dem Kältebad machen das Zittern und Kribbeln des Körpers wieder wett.

Grüne Therapie

Ein Aufenthalt im Freien ist die beste Methode, um Energie zu tanken und die Stimmung zu heben – für Sie und Ihr Baby. Machen Sie also möglichst oft einen meditativen Spaziergang in der Natur *(siehe S. 116)*. Erwiesenermaßen fühlt man sich schon nach vier bis sechs Minuten Aufenthalt in der Natur entspannt. Die Sinne sind geschärft, die Aufmerksamkeit verbessert. Grüne Bewegungstherapie, wie Gartenarbeit und Spazierengehen, verbessert die psychische Gesundheit, indem sie das Selbstvertrauen und das Selbstwertgefühl stärkt. Allein schon ein Foto von üppiger Vegetation zu betrachten ist Balsam für die Seele.

Yoga

Vielleicht kommt es Ihnen momentan so vor, als ob Ihr Körper nicht ganz der Ihre wäre, aber sanfte Yoga-Haltungen werden Ihnen helfen, das Vertrauen in

»Der Aufenthalt in der Natur hilft Stress abzubauen und das Nervensystem zu beruhigen.«

ihn zurückzugewinnen und eine liebevolle Beziehung zu ihm zu entwickeln. Die Yoga-Übungen in diesem Buch sind auf die verschiedenen Phasen nach der Geburt abgestimmt; wählen Sie aus den Sequenzen die Übungen aus, die Ihnen angenehm sind. Sie können mit mehreren Haltungen der ersten Sequenz beginnen *(siehe S. 138–145)* und weitere hinzufügen, wenn Sie mehr Energie haben. Die Haltungen verbessern die Beweglichkeit, Rumpfstabilität und Konzentration. Übungen wie die »Liegende Drehung« *(siehe S. 177)* lösen Verspannungen in Rücken und Schultern.

Schon zehn ungestörte Minuten auf der Yogamatte reichen, um vom Kopf auf den Körper umzuschalten. Achtsames Atmen beruhigt die Nerven, sodass Sie in sich hineinhorchen können. Nutzen Sie Ihren Atem als Anker, um von unerwünschten Gedanken Abstand zu nehmen *(siehe S. 25)*. Erholungshaltungen stärken Ihr Beruhigungssystem. Inversionshaltungen wie »Beine gegen die Wand« *(siehe S. 181)* sind gut für das Herz und bringen Ihre Energie ins Gleichgewicht. Die erholsame Seitenlage *(siehe S. 145)* bietet Ihnen eine schöne Möglichkeit, Ihr Baby zu stillen und sich dabei auszuruhen.

Babymassage

Eine sanfte Babymassage stärkt die Bindung zwischen Eltern und Kind. Bei beiden aktiviert die Berührung das Beruhigungssystem durch die Ausschüttung von Oxytocin. In Asien ein festes Ritual, hat sich die Babymassage auch in westlichen Kulturen etabliert. Eltern berichten, dass sie sich dadurch ihrem Baby näher fühlen, entspannter mit ihm umgehen und seine Signale besser verstehen. Studien belegen ihre Vorteile für Frühgeborene, und auch Großeltern können so Nähe zu ihren Enkeln herstellen *(siehe S. 102–107)*.

Ernährung

Wachstum und Geburt eines Babys stellen enorme Anforderungen an Ihren Körper. Nährstoffreiche, energiespendende und die Stimmung steigernde Lebensmittel helfen Ihnen, wieder zu Kräften zu kommen.

Diese lebensverändernde Phase kann Ihrem Körper wichtige Mikronährstoffe (Vitamine und Mineralien) und Makronährstoffe (Proteine, Kohlenhydrate und Fette) entziehen. Fügen Sie noch hormonelle Veränderungen, Stress und Schlafentzug hinzu, und Sie haben das Rezept für eine Wochenbettdepression.

Achtsame Nahrungsauswahl

Die ersten drei Monate, auch das »vierte Trimester« genannt, sind eine Zeit, in der Sie sich mit Ihrem Neugeborenen zurückziehen sollten – zu seinem, aber auch zu Ihrem Vorteil. Widerstehen Sie den bei uns üblichen Erwartungen, nach der Geburt mühelos und ohne Hilfe »zurückzukommen«. Unsere Vorfahren zogen ihre Kinder in der Gruppe auf. Neue Mütter erfuhren Hilfe von den Älteren – was bis heute in kollektivistischen Kulturen gilt. Dort bekommt die frischgebackene Mutter Zeit, sich auszuruhen und zu erholen *(siehe S. 78)*. Außerdem erhält sie besonders nährstoffreiche Nahrung.

»Achtsam zu essen heißt, auf den Körper zu hören und ihm die Nahrung zu geben, die er braucht.«

»Orientieren Sie sich an östlichen Kulturen, in denen die Wochenbettphase respektiert und unterstützt wird.«

Körper und Geist stärken

Orientieren Sie sich in den Tagen nach der Geburt an asiatischen Traditionen, und wärmen Sie Ihren Körper mit nahrhaften Suppen, um die Heilungsprozesse zu fördern *(siehe S. 52)*.

Führen Sie sich die ganze Palette an Obst und Gemüse zu, wie Kiwis, rote Beeren, Paprika und Spinat, um verlorene Nährstoffe zu ersetzen *(siehe S. 52)*. Sie müssen auch Ihre Eisenvorräte wegen des Blutverlusts während der Geburt wiederauffüllen *(siehe S. 74)*. Denken Sie daran, viel Wasser zu trinken, um gut hydriert zu bleiben.

Ausgewogen ernähren

Für eine gesunde, ausgewogene Ernährung nach der Geburt benötigen Sie gute Kalzium- und Proteinquellen *(siehe S. 88)*, Kohlenhydrate, die langsam verwertet werden, gesunde Fette und Ballaststoffe *(siehe S. 52)*. Stillen ist gut für Ihr Baby, kann Ihnen jedoch wichtige Nährstoffe entziehen. Bauen Sie wichtige Vitamine in Ihre Ernährung ein, einschließlich der Vitamine A, C und E *(siehe S. 85)*.

Nährstoffreich essen

Stress und Schlafmangel sind für Ihre Laune und Ihre Leistungsfähigkeit fatal. Lassen Sie keine Mahlzeit aus, sonst sinkt der Blutzuckerspiegel und Sie sind erschöpft. Achtsam zu essen bedeutet, seinen Hunger oder Durst stets zu stillen. Essen Sie etwas Gesundes, bevor Sie sich um Ihr Baby kümmern, selbst wenn es schreit. Denn Sie brauchen Energie, um es zu trösten! Tryptophanreiche Nahrung wie Pute und Magnesiumlieferanten wie Avocados und Hülsenfrüchte bessern die Laune und das Wohlbefinden *(siehe S. 129)*. Für Ihre Gesundheit sollten Sie bewusst einkaufen und kochen *(siehe S. 191)*.

Werte und Überzeugungen

Ihre Werte sind der Kompass auf Ihrem Weg als Mutter. Sie befähigen Sie, Herausforderungen zu begegnen und Entscheidungen zu treffen, sodass Sie Ihre Elternrolle als erfüllend und belohnend empfinden.

Wie möchten Sie als Mutter sein? Diese Frage ist vielleicht im Augenblick noch schwer zu beantworten, da Sie erst am Anfang Ihrer Eltern-Odyssee stehen. Aber sie kann Sie im Rahmen dieses Ihr ganzes weiteres Leben verändernden Übergangs zum Nachdenken anregen, egal, ob dies Ihr erstes, zweites oder letztes Kind ist. Ihre Grundwerte hängen eng mit dem zusammen, was Ihrem Leben Sinn und Ziel gibt.

Studien zeigen, dass ein Leben im Einklang mit seinen Werten das emotionale Wohlbefinden fördert. Stellen Sie sich vor, Sie wären eine Eiche: Die Werte sind Ihre Äste, die verkörpern, wer Sie sind und was Ihnen wichtig ist. Einige sind groß, andere klein. Sie alle repräsentieren, was Ihnen im Leben am wertvollsten ist – Ihre Hoffnungen, Überzeugungen und Handlungen, die Ihre Identität ausmachen.

Die Werteübungen

Die Reflexionsübungen in diesem Buch unterstützen Sie dabei, Ihre mütter-

»Fragen Sie sich:
Was kann ich heute tun, um die Mutter zu werden, die ich sein möchte?«

lichen Werte zu erforschen *(siehe S. 136)*. Wenn Sie Ihre Werte kennen, können Sie dank Ihrer Intuition all die komplexen Entscheidungen treffen, mit denen Mütter tagtäglich konfrontiert werden *(siehe S. 130)*.

Auswahl der Grundwerte

Wählen Sie fünf oder sechs Grundwerte aus, die Ihnen besonders am Herzen liegen (für Anregungen siehe unten). Sie sind Ihre Leitgedanken und helfen Ihnen, sich zentriert und eins mit sich zu fühlen. Werte sind keine Ziele, sondern sie liegen Ihren Handlungen zugrunde und geben dem Leben einen Sinn. In schwierigen Zeiten müssen Sie möglicherweise etwas flexibel sein. Versuchen Sie jedoch, Ihren Werten möglichst treu zu bleiben.

GRUNDWERTE

Verbundenheit	Macht	Freundschaft
Teilhabe	Tradition	Liebe
Vertrauen	Abenteuer	Wachstum
Kreativität	Spiritualität	Gerechtigkeit
Familie	Gemeinschaft	Güte
Gleichheit	Authentizität	Respekt
Anerkennung	Spaß	Weisheit

DAS BABY IST DA!

Die Geburt ist ein bedeutsames Ereignis und die ersten 48 Stunden danach sind geprägt von intensiven Emotionen. Erdende Affirmationen geben Ihnen Halt, während Sie sich an Ihre neue Rolle als Mutter gewöhnen und die sanfte, beruhigende Atmosphäre mit Ihrem Baby genießen. Darüber hinaus finden Sie in diesem Kapitel wertvolle Ernährungstipps für die Zeit nach der Geburt.

EINFÜHRUNG

Die ersten Tage

Kaum ist das Baby da, geraten die Gefühle in Aufruhr. Sie fühlen sich beschwingt, erleichtert, glücklich, stolz und von Liebe überwältigt. Vielleicht sind Sie aber auch empfindungslos, erschöpft, enttäuscht und weinerlich.

Von Müttern wird erwartet, dass sie ihr Neugeborenes von Liebe erfüllt in die Arme schließen, entsprechend dem Mythos, dass eine Bindung von Natur aus da ist. Doch tatsächlich wissen wir, dass fast die Hälfte der erstmaligen Mütter Gleichgültigkeit empfindet – manchmal aufgrund ihrer Erschöpfung. Denken Sie daran, Sie brauchen Zeit, um Ihr Baby kennenzulernen.

Ob die Geburt vaginal oder per Kaiserschnitt erfolgt, sie ist in jedem Fall ein monumentales Ereignis. Unmittelbar danach können körperliche Empfindungen wie Zittern oder Übelkeit auftreten, wenn der Adrenalinspiegel sinkt, insbesondere nach einer schweren Geburt. Es ist normal, wenn Sie nach solch einer Erfahrung erst einmal mit sich selbst beschäftigt sind.

Achtsamkeit nach der Geburt bedeutet, alle Gefühle anzuerkennen, die aufkommen, und den Atem als Anker zu nutzen, sobald Angst oder

»Sie fühlen sich nach der Geburt vielleicht sehr verletzlich. Bei der Entbindung wird nicht nur ein Baby geboren, sondern auch eine Mutter.«

gar Panik aufsteigt. Erdende Leitsätze und persönliche Gegenstände *(siehe S. 50)* helfen, die emotionale Anspannung nach der Geburt zu bewältigen. Zusammen mit Affirmationen, um negative Gefühle zu akzeptieren, falls die Geburt nicht wie geplant verlaufen ist *(siehe S. 62)*, tragen diese achtsamen Techniken dazu bei, dass Sie sich selbst gegenüber nachsichtiger sind, während Sie sich an Ihre neue Rolle gewöhnen.

Die erste Stunde

Die erste Stunde nach der Geburt ist eine wichtige (aber nicht wesentliche) Zeit der Bindung. Ihr Körper ist immer noch die Heimat des Babys und wahrscheinlich sucht es instinktiv nach Ihrer Brustwarze, um daran zu saugen. Dieses Saugen überflutet Sie und Ihr Baby mit Oxytocin, sodass Sie einander voller Liebe bestaunen. Später, wenn die Milch einschießt, sorgt das Hormon Prolaktin für ein Gefühl der Ruhe und Zufriedenheit.

Erste Bindung zum Baby

Von dem Moment an, in dem Ihr Baby da ist, beginnen Sie beide den »Tanz der Interaktion«: Ihr Baby fühlt sich durch Signale wie Ihren Gesichtsausdruck, Augenkontakt und den ver-

EINE MUTTER ERZÄHLT

An die ersten Tage mit dem Baby zu Hause erinnere ich mich nur noch verschwommen. Ich weiß noch, dass ich völlig enthusiastisch war, aber auch verängstigt und emotional. Ich hatte schreckliche Sorge, etwas falsch zu machen. Ich war besessen davon, dass Nina immer frisch gewickelt war und die Zimmertemperatur genau passte. Meine Angst fraß mich förmlich auf und ich fühlte mich total überfordert. Der Schlafmangel, wunde Brustwarzen, Schmerzen durch den Dammschnitt, eingeklemmte Nerven – da war einfach so viel zu bewältigen, obwohl ich von den Hebammen und meiner Familie wirklich gut unterstützt wurde. Trotzdem gab es auch viele Momente des Staunens und der Freude.

Amber, Mutter von Nina

trauten Klang Ihrer Stimme beruhigt oder ermuntert. Die Atemmeditation auf Seite 54 kann Ihnen helfen, sich in dieser besonderen Zeit mit dem Baby zu synchronisieren.

Hautkontakt

Hautkontakt stärkt die Bindung zum Baby, erleichtert das Stillen und verringert das Risiko einer Wochenbettdepression. Die körperliche Nähe kommt auch Ihrem Baby zugute, indem sie seine Atmung, seine Körpertemperatur und sein Nervensystem reguliert. Machen Sie sich aber keine Sorgen, wenn Sie keinen Hautkontakt haben können. Es gibt viele Möglichkeiten, durch Berührung und achtsame Verbundenheit Nähe herzustellen *(siehe S. 54)*. Dafür ist es niemals zu spät.

Emotionale Veränderungen

In den ersten Tagen mit dem Baby werden Sie sich wahrscheinlich in dem Zustand erhöhter Aufmerksamkeit befinden, der als »primäre Mütterlichkeit« bezeichnet wird. Er ermöglicht Ihnen, sich auf Ihr Baby einzustellen und sensibel auf seine Bedürfnisse zu reagieren. Sich mit dem Baby so eins zu fühlen, kann jedoch auch dazu führen, dass Angst und Dringlichkeit Sie überwältigen, wenn das Baby zum Beispiel schreit. Es kann sogar zu Spannungen zwischen Ihnen und Ihrem Partner kommen, weil er sich ausgeschlossen fühlt. Vielleicht hilft es zu wissen, dass dieser Zustand vorübergehend und völlig normal ist.

Körperliche Veränderungen

Eine Geburt verändert den Körper. Vielleicht haben Sie Schmerzen und Beschwerden, insbesondere wenn Sie einen Dammschnitt, Risse oder Nähte haben. Nach einem Kaiserschnitt, bei dem es sich um eine große Bauchoperation handelt, kann alles, was Ihre Bauchmuskeln betrifft, wie Sitzen, Drehen und Gehen, Schmerzen verursachen. Zusammen mit herkömmlicher Schmerzlinderung können Arnikatabletten die Heilung fördern und Schwellungen reduzieren *(siehe S. 56)*.

Unabhängig davon, wie Sie entbunden haben, treten in den ersten Tagen häufig starke vaginale Blutungen auf, da Ihr Körper die Gebärmutterschleimhaut abstößt. Decken Sie sich mit Wochenbettbinden ein und achten Sie darauf, den durch den Blutverlust sinkenden Eisenspiegel mit eisenhaltiger Nahrung aufzufüllen *(siehe S. 74)*. Vielleicht haben Sie auch Nachwehen, wenn sich die Gebärmuttermuskulatur nach der Geburt wieder auf die Größe vor der Schwangerschaft zusammenzieht. Versuchen Sie die Schmerzen durch achtsames Atmen *(siehe S. 60)* zu lindern.

Zeit zur Erholung

In westlichen Kulturen wird erwartet, dass die »Rückkehr« nach der Geburt schnell erfolgt. Tatsächlich braucht der Körper aber Zeit, um zu heilen, und die sollten Sie sich in jedem Fall nehmen – vor allem, wenn die Geburt traumatisch war. Nützliche Adressen für Hilfe oder Beratung finden Sie auf Seite 214.

»Erwarten Sie nicht zu viel und scheuen Sie sich nicht, sich Hilfe zu holen.«

Die erste Begegnung

Nach der anstrengenden Geburt können Sie endlich Ihr Neugeborenes kennenlernen. Genießen Sie die Intimität der ersten Minuten und bestaunen Sie das Wunder dieses neuen Lebens, das Sie erschaffen haben.

1

Begegnen Sie diesem kleinen Menschen liebevoll und achtsam. Lassen Sie Ihren Blick voll Zärtlichkeit und Ehrfurcht auf dem Gesicht des Babys ruhen. Schenken Sie ihm in diesem friedvollen Moment ein sanftes Lächeln der Dankbarkeit.

2

Betrachten Sie das Gesicht des Babys. Schauen Sie ihm liebevoll in die Augen, die sich langsam der neuen Welt öffnen. Fühlen Sie seine weiche Haut.

3

Staunen Sie über seine winzigen Finger und Zehen. Atmen Sie seinen süßen Duft ein, während es in Ihren Armen ruht.

4

Hören Sie auf die Geräusche, die es macht. Sprechen Sie sanft und beruhigend mit ihm. Es kennt Ihre Stimme aus dem Mutterleib. Singen Sie ihm ein Liedchen vor, das es vielleicht aus seiner Zeit in Ihrem Bauch kennt.

5

Bestaunen Sie das Wunder, das Ihr Baby ist. Spüren Sie die lebendige Verbundenheit, die zwischen Ihnen besteht. Erlauben Sie sich, die ruhige Intensität dieses stillen Moments zu genießen. Halten Sie inne und machen Sie sich bewusst, dass Sie dieses kleine Baby erschaffen haben.

6

Öffnen Sie sich für alles, was Ihr Baby Sie auf der gemeinsamen Reise lehren wird, die nun beginnt, und vertrauen Sie auf Ihre innere Weisheit. Genießen Sie die Schönheit dieses Moments und nehmen Sie sich bewusst vor, jeden Tag und jede Stunde so anzunehmen, wie sie kommen.

Umgang mit intensiven Gefühlen

Egal, ob Ihr Kind zu Hause oder in der Klinik geboren wird – halten Sie Ihr Selbstberuhigungs-Set griffbereit. Bewältigen Sie die adrenalingeladenen Momente nach der Geburt mit Affirmationen und erdenden Objekten.

1

Schaffen Sie für sich und Ihr Baby ganz bewusst einen Kokon der Ruhe.

2

Wenn Sie zu Hause sind, dämpfen Sie das Licht. Bitten Sie Ihren Geburtspartner, Ihre Kissen regelmäßig aufzuschütteln und Ihre Geburts-Playlist oder sanfte Musik zu spielen.

3

Nehmen Sie LED-Kerzen in die Klinik mit, die ein beruhigendes Licht erzeugen, und Kopfhörer, um Musik hören zu können. Denken Sie auch an bequeme Kissen, eine Augenmaske und Ohrstöpsel und eventuell ein Foto von Ihren Lieben.

4

Halten Sie Ihr Lieblingsparfüm oder ätherisches Öl, vielleicht Jasmin oder Lavendel, oder ein duftendes Taschentuch bereit. Atmen Sie den vertrauten Duft in Momenten ein, in denen Sie sich überfordert fühlen, um sich zu erden.

5

Bei Panik oder Gefühlen der Überforderung erden Sie sich mit Affirmationen. Benennen Sie Ihre Gefühle. Versuchen Sie, sie als Wellen zu visualisieren – anstatt ihnen Widerstand zu leisten, können Sie lernen, auf ihnen zu reiten.

6

Sagen Sie sich selbst beruhigende Sätze vor. Sie werden Ihnen helfen, Körper und Geist zu entspannen. Überlegen Sie sich selbst Sätze oder verwenden Sie die unten stehenden.

»Die Wehen sind unangenehm – aber sie gehen vorbei.«

»Ich fühle mich __________ (benennen Sie das Gefühl), und ich bin in Sicherheit.«

»Intensive Gefühle sind jetzt ganz normal. Es ist alles in Ordnung.«

ERNÄHRUNG

Achtsam essen nach der Geburt

In einer Zeit, in der sich alles um das Baby dreht, ist es für Ihre Erholung wichtig, dass Sie Mitgefühl für sich selbst entwickeln. Die achtsame Zusammenstellung Ihrer Nahrung spielt eine wichtige Rolle, damit Sie wieder zu Kräften kommen.

Essen Sie möglichst frische, nährstoffreiche Nahrungsmittel, damit Sie sich körperlich erholen und die Energie zuführen, die Sie jetzt brauchen, um Ihr Baby zu versorgen. Denken Sie auch daran, viel zu trinken – am besten **Wasser** –, besonders wenn Sie stillen. Kollagenreiche **Knochenbrühe** stärkt den Körper mit Aminosäuren. Die proteinreiche Brühe fördert die Reparatur des Gewebes und unterstützt den Körper dabei, mit dem Schlafmangel und dem Stress nach der Geburt fertig zu werden.

Gegen Verstopfung – eine häufige Beschwerde bei frischgebackenen Müttern – helfen Ballaststoffe. Nehmen Sie 30 Gramm pro Tag in Form von Obst und Gemüse zu sich. Das können zum Beispiel **Kiwis, Äpfel, Erdbeeren, Himbeeren** und **Melonen** sein *(siehe rechts).* Sie können auch Eintöpfe und Salate mit **Paprika, Karotten** oder **Spinat** zubereiten oder geschrotete **Leinsamen** auf Haferflocken streuen.

Die Mutter-Baby-Blase

Erschaffen Sie sich gedanklich eine Blase, in der Sie mit Ihrem Neugeborenen kuscheln. Praktizieren Sie diese Meditation in einem Moment der Ruhe, damit Sie beide auf achtsame, bewusste Weise davon profitieren.

1

Machen Sie es sich mit Ihrem Baby bequem, Haut an Haut. Atmen Sie tief ein und entspannen Sie auch Ihr Gesicht.

2

Senken Sie die Schultern, während Sie Körper und Geist beruhigen. Richten Sie Ihre Aufmerksamkeit auf die Atmung. Nehmen Sie wahr, wo Sie den Atem am leichtesten spüren.

3

Spüren Sie das warme Gewicht des Babys, das auf Ihnen liegt, Haut an Haut. Nehmen Sie wahr, wie sich der kleine Körper hebt, wenn Sie einatmen, und wie er sich beim Ausatmen mit Ihrem Körper wieder senkt.

4

Versuchen Sie, Ihren Atemrhythmus an den des Babys anzupassen. Um die Gegenwärtigkeit im Augenblick zu fördern, denken Sie bei jedem Einatmen das Wort »Ruhe« und bei jedem Ausatmen das Wort »Leichtigkeit«.

5

Gedanken und Gefühle mögen kommen und gehen. Vielleicht sind Sie nervös und zerstreut. Das ist okay. Lenken Sie Ihre Aufmerksamkeit sanft zurück auf Ihren Atem. Genießen Sie weiterhin die Nähe zu Ihrem Baby, die ihm Wohlbefinden schenkt.

6

Bewahren Sie sich das warme, entspannte Gefühl für den Rest des Tages. Wiederholen Sie die Meditation jederzeit, wenn Ihnen danach ist.

Natürliche Heilung nach der Geburt

Ihr Körper hat ein außergewöhnliches Ereignis hinter sich. Häufige Beschwerden nach der Geburt sind Schmerzen im Dammbereich, Verstopfung und Milchstau. Probieren Sie diese Mittel aus, um Ihre Heilung zu beschleunigen.

Wehen und Geburt können Ihr Verdauungssystem belasten, mit Verstopfung oder Blähungen als Folge. Ein Teelöffel **Flohsamenpulver** in ein Glas Wasser gerührt, macht den Stuhl auf natürliche Weise weich. Nach einem Blutverlust während der Geburt kommen Sie mit **Elixieren,** die organisches Eisen, Kräuter und Vitamine enthalten, besser wieder zu Kräften als mit Nahrungsergänzungsmitteln. Bei Dammbeschwerden eignen sich **Arnikatabletten** als pflanzliches Heilmittel, da sie Schmerzen und Entzündungen lindern.

Wenn nach ein paar Tagen die Milch einschießt, können Ihre Brüste geschwollen, hart und heiß sein. Dagegen hilft häufiges Entleeren, aber auch eine kalte Kompresse aus gewaschenen, gekühlten **Kohlblättern** *(siehe rechts).* Legen Sie die Blätter bei Bedarf bis zu 20 Minuten lang auf die Brüste, aber nicht länger, da sie die Milchproduktion hemmen können.

Nachhaltige Ernährung nach der Geburt

Während der Wehen war Essen wahrscheinlich das Letzte, woran Sie dachten, dafür ist der Heißhunger nach der Geburt umso größer. Honorieren Sie Ihre Leistung und gönnen Sie sich etwas Leckeres.

Viele Frauen sagen, dass das erste Essen nach der Entbindung das beste war, das sie je gegessen haben. Ihr Festmahl nach der Geburt muss nicht extravagant sein, aber es ist eine schöne Gelegenheit für Sie, sich zu belohnen. Packen Sie am besten leckere und nahrhafte Snacks in Ihre Kliniktasche, zum Beispiel natursüße **Datteln** oder **getrocknete Feigen** und **Aprikosen** *(siehe links)*. Essen Sie kleine Portionen, aber dafür häufiger, das ist besser für die Verdauung.

Vielleicht haben Sie während der Schwangerschaft bestimmte Lebensmittel wie rohen Fisch, Fleisch und Eier vermisst. Jetzt können Sie das lang ersehnte Sushi oder Steak wieder in vollen Zügen genießen! Machen Sie die ersten Mahlzeiten zu Hause zu etwas Besonderem und bereiten Sie Lebensmittel zu, die Sie mit hochwertigem Protein versorgen und Nährstoffe wie Eisen *(siehe S. 74)* enthalten.

Den Schmerz erkunden

Das achtsame Erkunden Ihrer Beziehung zum Schmerz hilft Ihnen, anders auf starke körperliche Empfindungen zu reagieren. Folgen Sie dieser Atemmeditation bei Nachwehen oder postoperativen Beschwerden.

1

Machen Sie sich die drei Schmerzkomponenten bewusst: die sensorische Komponente (körperliches Schmerzempfinden), die emotionale Komponente (wie Sie sich in Bezug auf den Schmerz fühlen) und die kognitive Komponente (Gedanken).

2

Lenken Sie Ihre Aufmerksamkeit zunächst auf den Atem. Achten Sie auf unangenehme Empfindungen und prüfen Sie, ob Sie sie benennen können. Verspannungen, Schmerzen, Pochen? Wo sind diese Empfindungen am stärksten?

3

Begegnen Sie den Empfindungen mit freundlicher Neugier. Vielleicht stellen Sie fest, dass sie nicht starr sind, sondern sich ständig ändern.

4

Wenn das Unbehagen anhält, sagen Sie sich voller Liebe: »Ich begrüße diese Empfindungen als Zeichen dafür, was ich bei der Geburt meines Babys geleistet habe. Ich habe ein Leben geschenkt und diese Schmerzen werden bald vergehen.«

5

Vielleicht tauchen negative Gedanken oder Gefühle des Widerstands gegen den Schmerz auf. Beobachten Sie sie einfach, ohne zu urteilen.

6

Lenken Sie Ihre Aufmerksamkeit zurück auf den Atem. Zählen Sie beim Einatmen »eins« und beim Ausatmen »zwei«. Spüren Sie beim Ausatmen ein Gefühl der Erleichterung und des Loslassens.

Unerwartetes akzeptieren

Wenn die Geburt nicht wie erhofft verlief, ist Ihr Start in die Elternschaft vielleicht von negativen Gefühlen geprägt. Es ist wichtig, dass Sie diese Gefühle akzeptieren und sich um sie kümmern.

1

Wenn Ihnen keine Wahl gelassen wurde, fühlen Sie sich vielleicht enttäuscht, schuldig oder als hätten Sie versagt. Machen Sie sich bewusst, dass dies keinesfalls Ihre Schuld war.

2

Lassen Sie alle intensiven Emotionen zu, die auftauchen. Wenn Ihnen die Tränen kommen, erlauben Sie sich zu weinen. Wenn Sie sich wie betäubt fühlen, nehmen Sie dieses Gefühl mit Freundlichkeit zur Kenntnis.

3

Stellen Sie sich vor, dass Sie, wie jede frischgebackene Mutter, einen Rucksack geschenkt bekommen haben. Er ist schwer beladen mit negativen Gefühlen wie Schuld und Scham. Schuldgefühle entstehen oft durch unmögliche Erwartungen an uns Frauen – kein Wunder, dass Ihr Rucksack so schwer ist!

4

Auf Ihrem Weg als Mutter müssen Sie Ihren Rucksack auspacken. Sprechen Sie mit anderen Müttern. Schuldgefühle zu verstehen wird die Last für Sie leichter machen.

5

Machen Sie sich mit eigenen Worten oder den beruhigenden Affirmationen unten bewusst, wie gut Sie Ihre Sache machen und wie weit Sie gekommen sind.

»Mein Baby und ich haben unser Bestes gegeben. Es war nicht einfach, aber ich habe es geschafft und wir sind zusammen.«

»Es war nicht meine Schuld, dass meine Geburt nicht wie geplant verlief. Ich bin keine Versagerin.«

»Ich habe mein Baby zur Welt gebracht. Ich bin super. Ich bin genug.«

»Ich werde mit der Zeit heilen.«

»Ich bin genau das, was mein Baby braucht.«

DAS »VIERTE« TRIMESTER

Gönnen Sie sich in den ersten sechs Wochen eine Auszeit mit dem Baby. Heilen und stärken Sie sich in dieser besonderen Zeit mit Naturheilmitteln, bewusster Ernährung und Yoga. Mithilfe von Meditation können Sie die Herausforderungen des Stillens eventuell besser meistern. Zögern Sie bei Problemen nicht, sich Hilfe zu suchen.

EINFÜHRUNG

Das »vierte« Trimester

Die ersten Wochen mit dem Neugeborenen können einer emotionalen Achterbahnfahrt gleichen. Machen Sie sich stets bewusst, dass Ihr Körper Zeit braucht, um zu heilen, und geben Sie sich selbst die Erlaubnis, sich auszuruhen.

Setzen Sie sich nicht unter Druck, auf den Beinen und aktiv sein zu müssen. Sie erholen sich immer noch von den körperlichen Nachwirkungen der Geburt, während Sie lernen, was Sie als Mutter »zu tun haben«. Betrachten Sie das »vierte« Trimester als Gelegenheit, sich zu erholen und mit Ihrem Baby zu kuscheln, entweder im Bett oder in Ihrer Zen-Fütterungszone *(siehe S. 86)*, um eine Nähe und Wärme herzustellen wie im Mutterleib.

Vielleicht haben Sie das Gefühl, Ihr Leben gehöre nicht mehr Ihnen. An manchen Tagen schaffen Sie es, mit Ihrem Baby das Haus zu verlassen; an anderen Tagen duschen und ziehen Sie sich vielleicht nicht einmal an. Seien Sie nachsichtig mit sich. Dieses Auf und Ab ist völlig normal und vor allem auf Hormonschwankungen und Schlafentzug zurückzuführen.

Die ersten Wochen

Die ersten Tage können anstrengend sein. Und doch fragen Sie sich vielleicht, was Sie eigentlich den ganzen Tag mit Ihrem Baby zu Hause machen. Dieses Kapitel stellt wichtige Konzepte in Bezug auf Containment *(siehe S. 68)* und den »Tanz der Gegenseitigkeit« vor, die Ihnen versichern sollen, dass Sie bei Weitem nicht *nichts* tun.

Vom Moment der Geburt an kommuniziert das Baby mit Ihnen auf jede erdenkliche Weise. Sie fühlen sich vielleicht wie ein unerfahrener Detektiv, der verzweifelt versucht, alle Hinweise zu entziffern, wenn das Baby schreit, gurgelt, die Stirn runzelt, sich streckt und bald auch lächelt. Ist es hungrig? Braucht es Trost? Friert es? Hat es Schmerzen? Das Baby braucht Ihre Hilfe, um seine verwirrenden, widersprüchlichen Gefühle und körperlichen Empfindungen zu verstehen, während es sich an die neue Umwelt gewöhnt.

Stillen und Füttern

Eine Fütterungsroutine einzuführen kostet in den ersten Wochen Energie, körperlich und emotional. Wenn Sie Stillprobleme haben, stellen Sie dabei Hautkontakt mit dem Baby her. Studien zeigen, dass dieser die Erfolgsquote erhöht. Einige anfängliche Beschwerden beim Stillen *(siehe S. 101)* können auch mit Angst zusammenhängen, die Anspannung erzeugt. Dagegen helfen natürliche Heilmittel *(siehe S. 56)* und Meditation *(siehe S. 90)*.

Sollten Sie aus triftigen Gründen nicht stillen können, gibt es noch viele andere Möglichkeiten, eine Bindung zum Baby aufzubauen, etwa durch Babymassage *(siehe S. 102)*, bei der Sie sich auf die Signale Ihres Babys einstimmen und mit ihm interagieren.

Es braucht Zeit, die Signale des Babys deuten zu lernen. Nehmen Sie eine Beobachterposition ein und folgen Sie der Führung Ihres Babys.

»

Containment

Containment bedeutet, die intensiven Gefühle des Babys aufzunehmen und zu verarbeiten – ohne sich selbst davon überwältigen zu lassen. Dann »geben« Sie dem Baby seine für es unerträglichen Gefühle in erträglicherer Form »zurück«. Durch diesen Vorgang fühlt sich das Baby gehört und verstanden, beruhigt und sicher. Wenn Ihr Baby weint, könnten Sie sagen: »Du armes Kind, ich merke, dass du aufgebracht bist. Mama ist hier, es ist gut.«

Dies findet auch statt, wenn Sie Ihr Baby im Arm halten. Manchmal weinen Babys, wenn sie nackt sind, weil sie sich dann verletzlich fühlen. Vielleicht haben Sie bereits festgestellt, dass sich Ihr Baby schnell beruhigt, wenn Sie es fest in Ihren Armen halten. Durch Halten, Schaukeln, eine sanfte Stimme und freundliche Mimik besänftigen Sie seine großen, beängstigenden Gefühle. All diese liebevollen Handlungen aktivieren sein Beruhigungssystem. Es ist ein wichtiger Teil der Bindung, dass Sie Ihrem Baby einen sicheren Hafen bieten, damit es Selbstwertgefühl und mit der Zeit auch die Fähigkeit entwickelt, sich selbst zu beruhigen.

Natürlich wirkt sich all dies auf Ihre eigene Gefühlswelt aus. Sie müssen erst selbst ruhig sein, um mit Ihrem Baby mitfühlen zu können, sonst fühlen Sie sich bald überwältigt. Unser emotionales Fassungsvermögen hängt von unseren individuellen Stressoren und Erfahrungen ab. Es kann besonders schnell an seine Grenzen kommen, wenn Sie alleinerziehend sind oder mit einer Krankheit, einem Kind mit Behinderung oder mehreren Kindern umgehen müssen. Sollte die Überforderung zur Regel werden, sodass Sie den Alltag mit Ihrem Baby nicht genießen können, sprechen Sie mit einer Vertrauensperson. Containment bedeutet, unterscheiden zu können, welche Gefühle Ihnen als Mutter »gehören« und welche dem Baby. Dies erfordert viel emotionale Energie, die wir besonders bei Schlafmangel oft nicht haben.

Unterstützung finden

Aber was gibt Ihnen als Mutter Halt? Da viele Mütter heute isoliert sind, sollten Sie einen Unterstützerkreis um sich versammeln *(siehe S. 78)*. Auch dass Sie sich erlauben, sich auszuruhen und Zeit für sich zu nehmen, ist für Ihre geistige Gesundheit und Ihr Selbstwertgefühl enorm wichtig. Sie könnten sich »

EINE MUTTER ERZÄHLT

Stillen war das Schwierigste, mit dem ich als junge Mutter konfrontiert war. Wegen der vielen Vorteile wollte ich unbedingt stillen, aber in den ersten Wochen waren meine Brustwarzen total wund und ich hatte kaum Milch. Mein Sohn schrie, wenn die Milch nicht schnell genug kam, weshalb ich ihn oft mit der Flasche fütterte. Meine Eltern waren schließlich ganz frustriert, weil ich es beharrlich mit dem Stillen weiter versuchte. Ein paarmal rief ich sogar weinend eine Hotline an. Bei meinem zweiten Kind war es ganz anders, da hatte ich sofort reichlich Milch.

Sital, Mutter von Kishan und Rishi

»Hilfe zu suchen zeigt, dass Sie stark sind und nur das Beste für sich und das Baby wollen.«

einem nahe stehenden Menschen anvertrauen, eine kurze Meditation machen *(siehe S. 76)*, ein entspannendes Kräuterbad nehmen *(siehe S. 98)* oder sich beruhigende Affirmationen vergegenwärtigen *(siehe S. 96)*. All dies hilft, die Nerven zu beruhigen und den Kopf frei zu machen.

Auslöser von Verletzlichkeit

Mutterschaft kann unsere Verletzlichkeit zum Vorschein bringen – zumal wir auch noch mit großen Veränderungen in Gehirn und Körper sowie hormonellen Schwankungen fertig werden müssen. Wir alle kommen mit unseren eigenen Vorstellungen in die Mutterschaft. Individuelle Kontexte wie kulturelle Erwartungen, Kindheitserfahrungen, Traumata oder auch die Erfahrung, »anders« zu sein (etwa in Bezug auf Rasse, Klasse oder Sexualität), können die Verletzlichkeit erhöhen.

Für sich einstehen

Der Begriff »Supermama« erzeugt die Vorstellung, dass wir als Mütter wissen sollten, wie es geht – und so fällt es vielen Frauen schwer, sich Hilfe zu holen. Sie befürchten, dass sie dann als schlechte oder unfähige Mutter gelten – oder, schlimmer noch, dass ihnen ihr Baby weggenommen wird.

Sich anvertrauen

Achtsames Mitgefühl ist eine Möglichkeit, sich in der turbulenten frühen Phase zu erden. Aber es ist auch wichtig, sich an vertrauenswürdige Freunde, Familienmitglieder und medizinische Fachleute zu wenden, die bei der Bewältigung von Schwierigkeiten helfen können. Stellen Sie aber unbedingt sicher, dass diese Personen sie wirklich unterstützen und nicht kritisieren. Tipps für Ihre Suche von Hilfe siehe rechts und auf Seite 214.

PSYCHISCHE PROBLEME ERKENNEN

Mutterschaft kann Sie an Ihre Grenzen bringen, aber Probleme machen Sie nicht zu einer schlechten Mutter. Es ist wichtig, dass Sie die Ursache für Ihr Befinden erkennen und sich entsprechend Hilfe suchen.

Geburtstrauma

Eine von drei Frauen erlebt die Geburt als traumatisch und/oder beängstigend. Vielleicht leiden Sie an wiederkehrenden Erinnerungen, Albträumen oder quälendem Wiedererleben der Geburt oder verdrängen jede Erinnerung daran.

Babyblues

Die meisten Frauen haben etwa drei bis vier Tage nach der Geburt aufgrund hormoneller Veränderungen den »Babyblues«. Depressive Verstimmungen über die ersten zwei Wochen hinaus sollten ernst genommen werden.

Postpartale Psychose (PP)

Eine schwere, aber seltene Erkrankung. Anzeichen sind Manie, Halluzinationen, Angstzustände und Wahnvorstellungen. PP gilt als medizinischer Notfall, ist aber behandelbar, wenn sie erkannt wird.

Postpartale Depression (PPD)

Mehr als jede zehnte Frau leidet im ersten Jahr nach der Geburt an PPD. Symptome sind u. a. Niedergeschlagenheit, Gedanken an Selbstverletzung, Überforderung, Gefühllosigkeit, Gefühl der Wertlosigkeit. Risikofaktoren sind vorherige Depressionen, Stress und eine schwierige Geburt.

Postpartale Angststörung (PPA)

Mehr als eine von zehn Frauen leidet an PPA, die neben PPD auftreten kann. Anzeichen sind Nervosität, Anspannung, Hyperwachsamkeit, Angst vor dem Schlimmsten. Bei der perinatalen Zwangsstörung (OCD) handelt es sich um wiederkehrende Gedanken oder Obsessionen.

Postpartale Wut

Wut ist ein normales Gefühl, wenn man sich herabgesetzt fühlt. Postpartale Wut ist ein Symptom von PPD. Anzeichen sind Reizbarkeit, gewalttätige Gedanken, negative Gefühle oder geringes Interesse am Baby. Zu den Risikofaktoren zählen mangelnde Unterstützung, Ungleichheit und Traumata.

Achtsamer Tanz der Einstimmung

Ihrem entspannten Baby in achtsamer Präsenz zu begegnen schafft starke Verbundenheit zwischen Ihnen. Wechseln Sie vom »Tun« zum »Sein«, indem Sie sich entschleunigen und sich Ihrem Baby öffnen.

1

Wählen Sie einen Zeitpunkt, an dem Ihr Baby satt, warm, trocken und zufrieden ist und auch Sie sich wohlfühlen. Vermitteln Sie Ihrem Baby durch eine einladende Körpersprache – lockere Schultern, geöffnete Brust – Geborgenheit.

2

Schenken Sie Ihrem Baby ein Lächeln und beobachten Sie es. Überlegen Sie, was es fühlen könnte.

3

Sagen Sie dem Baby zärtlich, was es Ihrer Meinung nach denkt oder fühlt. Mit der Zeit wird ihm das Benennen seiner Gefühle helfen, sie zu verstehen.

4

Wenn Ihr Baby mit Gurgeln, Mimik oder Gesten kommuniziert, zeigen Sie ihm, dass Sie es wahrgenommen haben. Antworten Sie ihm liebevoll und mit einem warmen Lächeln.

5

Beobachten Sie, wie Ihr Baby reagiert. Stimmen Sie sich auf seine Signale ein. Dann antworten Sie in gleicher Weise – etwa indem Sie sein Verhalten widerspiegeln.

6

Wenn das Baby den Kopf wegdreht oder gähnt, zeigt dies, dass es eine Pause braucht. All diese Interaktionen sind ermüdend – es wird sich Ihnen wieder zuwenden, wenn es bereit ist.

7

Anfangs dauern diese Interaktionen nur wenige Minuten. Wenn das Baby älter wird, werden Sie offensichtliche und subtile Veränderungen in diesem achtsamen Tanz der Einstimmung bemerken.

ERNÄHRUNG

Energiespender

Müdigkeit und Erschöpfung sind in der Anfangszeit sehr häufig. Einer der Gründe dafür ist der Eisenmangel, an dem viele Mütter aufgrund des Blutverlusts bei der Geburt leiden. Eine abwechslungsreiche, bewusste Ernährung hilft dabei, die Energiespeicher aufzufüllen.

Eisen wird für die Produktion roter Blutkörperchen benötigt. Bei Eisenmangel wird Ihr Körper nicht ausreichend mit Sauerstoff versorgt und hat dadurch zu wenig Energie. Eisenreiche Nahrungsmittel sind zum Beispiel rotes Fleisch, wie **Steak** oder **Lamm,** und **Spinat.** Auch wenn pflanzliches Eisen weniger gut vom Körper absorbiert wird als tierisches, sind **dunkles Blattgemüse, Bohnen, Linsen, Nüsse** und **Tofu** gute Lieferanten des Spurenelements. Um seine Aufnahme zu steigern, kombinieren Sie Ihre Eisenlieferanten mit Vitamin C, zum Beispiel einem Glas **Orangensaft.**

Essen Sie möglichst ausgewogen, um bei Kräften zu bleiben. Kombinieren Sie langsam Energie freisetzende Kohlenhydrate wie **Süßkartoffeln** und **Vollkornnudeln** mit magerem Protein wie **Hühnchen** oder **Kabeljau.** Ergänzen Sie gesunde Fette wie **Avocados** *(siehe rechts)*, **Eier, Nüsse** und **fetten Fisch** durch gute Ballaststoffquellen wie **Brokkoli, Tomaten** oder **Hummus.**

Meditation der liebenden Güte

Als junge Mutter ist Ihr Bedrohungssystem in höchster Alarmbereitschaft, um Ihr Baby zu schützen. Üben Sie liebende Güte, um die starken Ängste, die mit Ihrer Liebe einhergehen, zu besänftigen.

1

Konzentrieren Sie sich auf Ihren Atem. Legen Sie eine Hand auf Ihr Herz und laden Sie Wärme ein.

2

Richten Sie folgende Sätze sanft an Ihr Baby:

Mögest du sicher sein.
Mögest du gesund sein.
Mögest du geliebt sein.
Mögest du glücklich und zufrieden sein.

3

Achten Sie auf alle Gedanken, Gefühle und Empfindungen, die nun aufsteigen. Vielleicht spüren Sie ein tiefes Gefühl der Liebe und Dankbarkeit für Ihr Baby. Werden Sie sich auch aller schwierigen Gefühle bewusst, ohne zu urteilen.

4

Sagen Sie nun zu sich:

Möge ich sicher sein.
Möge ich gesund sein.
Möge ich geliebt sein.
Möge ich glücklich und zufrieden sein.

5

Erkennen Sie, dass Sie die gleiche Liebe brauchen wie Ihr Baby. Vielleicht können Sie ein Bild von sich als Baby halten und die Sätze wiederholen.

6

Senden Sie liebende Güte an die Menschen in Ihrem Leben, die Sie unterstützen. Richten Sie die Sätze an Ihre Lieben und Ihre Mentoren.

7

Erweitern Sie schließlich den Kreis der liebenden Güte auf alle Menschen. Wiederholen Sie die Sätze in Anerkennung unserer gemeinsamen Menschlichkeit.

WERTE UND ÜBERZEUGUNGEN

Gedanken zum Unterstützerkreis

Ein afrikanisches Sprichwort sagt: »Es braucht ein Dorf, um ein Kind großzuziehen.« In westlichen Kulturen stehen Eltern jedoch oft alleine da. Dabei kann Sie ein Personenkreis, der Sie unterstützt, stark entlasten.

Aufgaben wie Füttern, Wickeln, Baden und Beruhigen des Babys bei Tag und Nacht können Sie körperlich und geistig auslaugen. Sie erholen sich immer noch von der Geburt und die Anpassung an die neuen Anforderungen der Mutterschaft kann Sie überfordern – das ist völlig normal. Um Ihr Baby gut versorgen zu können, sollten Sie darüber nachdenken, wer sich um *Sie* kümmert – ob Ihr Partner (falls vorhanden), die Familie oder ein größerer Kreis von Personen.

Anfangs sind Sie wahrscheinlich sehr auf Ihr Baby fokussiert und es fällt Ihnen schwer, sich um sich selbst zu kümmern. Vielleicht haben Sie das Gefühl, dass Sie alles allein schaffen müssen oder keine Hilfe verdienen. Oder Sie haben Angst davor, Ihr Baby jemand anderem zu überlassen. Wenn etwas davon auf Sie zutrifft, besteht der erste Schritt darin, sich all dies bewusst zu machen. Versuchen Sie, Hilfsangebote als Chance einer optimalen Versorgung für sich und Ihre Familie zu betrachten.

DER KREIS DER UNTERSTÜTZER

Zeichnen oder visualisieren Sie einen Kreis für sich und Ihr Baby, umgeben von einem etwas größeren Kreis und einem dritten äußeren Kreis. Überlegen Sie, wer in welchen Kreis gehört.

Sie und Ihr Baby

Setzen Sie sich und Ihr Baby ins Zentrum, den innersten Kreis, da sich derzeit alles um Sie beide dreht. Sie werden hoffentlich während Ihrer Genesung gemeinsam regelmäßig Ruhe genießen.

Die engsten Vertrauten

Je nachdem, wie gut Sie sich unterstützt fühlen, nehmen Sie Ihren Partner oder Ihre engsten Vertrauten mit in den innersten Kreis. Deren Aufgabe ist es, Ihre Mutter-Kind-Blase zu schützen.

Emotionale Nähe

Personen, denen Sie vertrauen und die Sie nicht verurteilen – das sind Menschen, die Ihnen wirklich zuhören und Ihnen ermöglichen, Ihre Gefühle abzuladen und zu verarbeiten. Überlegen Sie, wo Sie sie platzieren möchten, in den mittleren oder den äußeren Kreis.

Soziale Unterstützung

Soziale Unterstützung ist zentral dafür, dass Sie sich in dieser verletzlichen Zeit nicht isoliert fühlen. Überlegen Sie, mit wem Sie ein Gefühl ungezwungener Leichtigkeit teilen. Soziale Unterstützung kann auch professionell durch jemanden geleistet werden. Platzieren Sie Menschen, die Sie sozial unterstützen, im äußeren Kreis.

Praktische Hilfe

Orientieren Sie sich an nicht-westlichen nachgeburtlichen Gepflogenheiten und suchen Sie sich Helfer, die Ihnen praktische Aufgaben abnehmen. Die Betonung liegt auf dem Helfen und nicht auf dem Besuchen, was Sie Energie kosten würde. Platzieren Sie diese Helfer ebenfalls im äußeren Kreis.

Das mitfühlende Selbst aktivieren

Mitgefühl ist etwas, das wir hauptsächlich anderen entgegenbringen. Hier geht es jedoch um das Mitgefühl mit uns selbst. Konzentrieren Sie sich darauf, Ihr weises inneres »mitfühlendes Selbst« zu aktivieren.

1

Wenn es Ihnen schwerfällt, für sich selbst Mitgefühl zu empfinden, hilft Ihnen vielleicht die Vorstellung, Sie wären Schauspielerin und sollten Ihr mitfühlendes Selbst als Figur darstellen.

2

Um die selbstbewusste, stete Präsenz eines mitfühlenden Menschen zu verkörpern, visualisieren Sie sich als alte Eiche, die fest im Boden verwurzelt ist und Vertrauen und innere Ruhe ausstrahlt.

3

Setzen Sie sich und richten Sie Ihre Aufmerksamkeit auf Ihren Atem. Atmen Sie bewusst in den Bauch. Verlängern Sie jede Ein- und Ausatmung.

4

Machen Sie ein entspanntes, freundliches Gesicht. Stellen Sie sich vor, dass Sie zu jemandem liebevoll sagen: »Ich bin für dich da.«

5

Denken Sie über die Eigenschaften von Mitgefühl nach. Stellen Sie sich vor, dass Ihr mitfühlendes Ich Verantwortung spürt – und Schuldzuweisungen und Urteile loslässt. Es will Sie durch schwierige Zeiten leiten und Ihnen helfen, sich weiterzuentwickeln und zu wachsen.

6

Verbinden Sie sich mit Ihrem mitfühlenden Selbst, wenn etwas nicht gut läuft. Bedauern und bereuen Sie nicht – Sie lernen, Mutter zu sein.

7

Überlegen Sie, welche wohltuenden Dinge Ihr mitfühlendes Selbst unternehmen wird. Vielleicht gönnt es Ihnen ein warmes Bad oder einen Mittagsschlaf. Dieser starke, weise Teil von Ihnen weiß, was Sie benötigen, und bringt Ihnen Ermutigung und Verständnis entgegen. Auch wenn Sie all diese Dinge nicht fühlen, ist hier Ihre achtsame Absicht, Ihr Beruhigungssystem zu stärken, das Wichtigste.

Eine Minute Achtsamkeit

Vielleicht erledigen Sie die täglichen Aufgaben in Ihrer Rolle als Mutter wie auf Autopilot. Diese 60-sekündige Übung lenkt Ihre Aufmerksamkeit auf die Gegenwart und bringt Sie vom »Tun« ins »Sein«.

»Oft schlingen wir unser Essen hastig hinunter, ohne ihm einen Gedanken zu widmen. Nehmen Sie sich lieber Zeit, es intensiv zu genießen.«

1

Erkunden Sie einen Apfel, wie Ihr Baby es tun würde: mit Faszination, Ehrfurcht und Staunen.

2

Betrachten Sie die Farben seiner Schale – entdecken Sie verschiedene Schattierungen oder schadhafte Stellen.

3

Spüren Sie sein Gewicht in Ihrer Hand. Nehmen Sie wahr, wie er sich anfühlt, ob glatt und glänzend oder rau und ungleichmäßig.

4

Halten Sie sich den Apfel an die Nase und atmen Sie seinen **Duft** ein. Seien Sie gespannt auf sein Aroma.

5

Beißen Sie bewusst in den Apfel und nehmen Sie auch die verschiedenen **Geräusche** wahr, die dabei entstehen.

6

Machen Sie sich seinen **Geschmack** bewusst, während Sie langsam kauen. Nehmen Sie nach dem Herunterschlucken die Empfindungen in Ihrem Mund wahr.

ERNÄHRUNG

Kräftigende Nahrung

Während Schwangerschaft, Geburt und Stillzeit verbraucht Ihr Körper reichlich Mikronährstoffe. Naturbelassene Lebensmittel versorgen Sie nach der Geburt reichlich mit Nährstoffen, die Sie wieder aufbauen und auch Ihr Immunsystem stärken.

Achten Sie auf eine vitaminreiche Ernährung. Vitamin E ist ein wichtiges fettlösliches Vitamin und Antioxidans, das in **Eiern, grünem Blattgemüse, Nüssen, Sonnenblumenkernen** und **Weizenkeimen** *(siehe links)* vorkommt. Streuen Sie Letztere einfach über Ihr Müsli oder einen Smoothie. Vitamin A stärkt die Immunfunktion und ist z. B. in **Spinat, Karotten** und **Süßkartoffeln** enthalten. **Zitrusfrüchte** und **Beeren** sind reich an Vitamin C, das das Immunsystem und Heilungsprozesse unterstützt. Erwägen Sie auch die Einnahme eines Vitamin-D-Präparats. Dieses Vitamin wird vor allem durch Sonneneinwirkung in der Haut gebildet, weshalb in unseren Breitengraden viele Menschen an Vitamin-D-Mangel leiden.

»Gesunde Ernährung fördert und verbessert langfristig die Gesundheit.«

Die Zen-Fütterungszone

Schaffen Sie sich einen Zen-Bereich für das Füttern Ihres Babys und stellen Sie sich alles, was Sie benötigen, bereit. Suchen Sie diesen ruhigen Ort stets auf, wenn Sie durchatmen und zu sich selbst kommen möchten.

1

Schaffen Sie sich zu Hause eine Ruheoase, in der Sie sich entspannen und Ihr Baby besänftigen können. Wechseln Sie hier vom »Tun«- in den »Sein«-Modus und verknüpfen Sie diesen Raum mit friedvollen Assoziationen für Sie beide.

2

Ob Stillen, Fläschchen oder Mischnahrung, stellen Sie in Ihrem »Nest« alles bereit, was Sie benötigen. Was sonst schenkt Ihnen ein Gefühl von Ruhe und Geborgenheit? Vielleicht ein bequemer Stillsessel oder eine kuschelige Decke.

3

Stellen Sie sich Wasser und gesunde Snacks bereit, ebenso Mulltücher, eine Zeitschrift oder ein Buch und Ihr Telefon.

4

Nehmen Sie sich einen Moment Zeit, um sich zu erden, bevor Sie Ihr Baby füttern. Auch wenn es unruhig wird, verankern Sie sich erst mithilfe Ihres Atems und Ihres Körpers im Jetzt. Atmen Sie ein paarmal tief in den Bauch ein. Spüren Sie Ihre Fußsohlen auf dem Boden. Nehmen Sie wahr, wie bequem Sie in Ihrem Sessel sitzen.

5

Spüren Sie den warmen Körper Ihres Babys, das dem Füttern entgegensieht. Atmen Sie seinen köstlichen Duft ein. Begegnen Sie seinem liebevollen Blick und nehmen Sie seine Laute der Zufriedenheit wahr. Lassen Sie Ihren Atem seinen natürlichen Rhythmus finden und genießen Sie diesen Moment der Verbundenheit – in dem Sie beide mit Oxytocin geflutet werden.

Beim Stillen optimal ernährt

Wenn Sie stillen, bekommt Ihr Baby alles, was es braucht, mit der Muttermilch. Eine protein- und kalziumreiche Ernährung sowie ausreichende Flüssigkeitszufuhr kommen der Milchproduktion zugute.

Protein ist der Schlüssel für das Wachstum und die Entwicklung Ihres Babys. Auch hält es Ihre Muskeln, Knochen, Zähne und Ihr Gewebe gesund. Optimal sind drei hochwertige Proteinquellen pro Tag. Tierisches Protein aus **Fleisch, Fisch, Milchprodukten** und **Eiern** enthält alle essenziellen Aminosäuren; gute vegetarische oder vegane Alternativen sind **Sojaprodukte** oder **Bohnen, Linsen, Nüsse** und **Samen.**

Kalzium ist nicht nur für den Knochenaufbau des Babys wichtig, sondern auch für Ihre Knochendichte. Verzehren Sie am besten jeden Tag vier bis fünf kalziumhaltige Nahrungsmittel wie **Milch, Käse** *(siehe rechts)* und andere **Milchprodukte.** Pflanzliche Kalziumlieferanten sind **angereicherte Pflanzenmilch, Käsealternativen, Brot, Getreide** und **Trockenfrüchte.** Essen Sie z. B. einen **Joghurt** zum Frühstück, knabbern Sie **Mandeln** zwischendurch und bereiten Sie sich ein Mittagessen aus **Sardinen** und gedünstetem **Brokkoli** zu.

Achtsames Stillen

Die Vorstellung, Stillen sei selbstverständlich, ist ein Mythos. Tatsächlich brauchen Sie und Ihr Baby erst etwas Zeit, um es zu erlernen. Achtsamkeit kann Anspannung, die Schmerzen noch verstärkt, lösen.

1

Stillen Sie an einem ruhigen Ort wie im Bett oder in Ihrem Zen-Bereich *(siehe S. 86)*, damit Sie und Ihr Baby dies mit angenehmen Gefühlen assoziieren.

2

Atmen Sie mehrmals tief ein und aus. Ziehen Sie Ihre Schultern nach hinten und nehmen Sie eine gut unterstützte Sitzhaltung ein. Lockern Sie Ihren Kiefer.

3

Stellen Sie sich eine Blume vor, die sich zwischen Ihren Augenbrauen öffnet. Das ist nicht einfach, aber je entspannter Sie sind, desto mehr ist es auch Ihr Baby.

4

Wenn das Baby zu saugen beginnt, nehmen Sie alle Empfindungen in Ihrem Körper wahr – etwa ein Stechen, das mit dem Milchflussreflex zusammenhängen kann, oder Wundheit – und Ihre Reaktion darauf.

5

Vielleicht reagieren Sie auf starke Empfindungen, indem Sie Körper oder Gesicht anspannen. Oder Sie beschimpfen sich eventuell sogar mit harten Selbstverurteilungen wie »Ich versage«.

6

Es ist normal, stark auf Schmerzen zu reagieren. Doch das kann das Leid verschlimmern. Probieren Sie, den Schmerz als »vorübergehendes Ereignis« von unbeständiger Natur zu sehen.

7

Wenn die Empfindungen Sie zu sehr ablenken, richten Sie Ihre Aufmerksamkeit wieder auf Ihren Atem. Denken Sie bei jedem Einatmen »Ruhe« und beim Ausatmen »Gelassenheit«. Spüren Sie, wie Sie lockerer werden.

Den Beckenboden stärken

Diese Übungen, gepaart mit achtsamer Atmung, stärken Ihren Beckenboden. Wenn Sie sich körperlich noch nicht dazu in der Lage fühlen, visualisieren Sie die Übungen zunächst nur, bis Sie sie ausführen können.

1

Sitzen Sie aufrecht mit geradem Rücken. Atmen Sie tief ein. Ziehen Sie beim Ausatmen Ihren unteren Rücken innen nach oben. Stellen Sie sich eine Linie vom Steißbein zum Nabel vor und ziehen Sie diese beiden Punkte sanft zueinander.

2

Ziehen Sie den Beckenboden nach oben – keine anderen Muskeln sind beteiligt. Entspannen Sie Po, Oberschenkel, Schultern und Kiefer.

3

Halten Sie nicht den Atem an. Synchronisieren Sie das Zusammen- und Hochziehen mit einer Ausatmung und lassen Sie den ganzen Beckenboden beim Einatmen wieder locker. Üben Sie dies mehrmals und atmen Sie stets langsam aus.

4

Wiederholen Sie die Übung dreimal täglich ganz bewusst und auch, wenn Sie das Baby oder z. B. einen Autositz hochheben oder Ihr Baby in die Badewanne setzen, da bei all diesen Aktivitäten Ihr Beckenboden beansprucht wird.

5

Atmen Sie jedes Mal, wenn Sie Ihr Baby anheben, bewusst aus und ziehen Sie den Beckenboden hoch.

6

Üben Sie das Loslassen Ihres Beckenbodens bei gleichzeitigem tiefen und langsamen Atmen in den Unterbauch. Das stimuliert Ihr Beruhigungssystem, löst Verspannungen und bringt etwas Ruhe in das Chaos der ersten Tage als Mutter.

NATURHEILMITTEL

Kühlkompresse für die Dammheilung

Lindern Sie vaginale Blutergüsse, Schwellungen und Schmerzen mit Kühlkompressen. Diese kombinieren die Wirkung einer Binde mit der eines Eisbeutels und haben schmerzlindernde, heilende Eigenschaften.

Tränken Sie eine herkömmliche Binde mit entzündungshemmender **alkoholfreier Hamamelislotion.** Reiben Sie dann mit sauberen Fingern reines Aloe-vera-Gel darauf. **Aloe vera** *(siehe rechts)* wirkt entzündungshemmend und schmerzstillend. Sie können auch mehrere Tropfen ätherischer Öle wie **Lavendel** oder **Rosmarin** auf Ihre Kompresse auftragen, um Schwellungen zu lindern und Infektionen zu bekämpfen. Legen Sie die Kompresse mindestens eine Stunde in den Gefrierschrank. Lassen Sie sie dann kurz auftauen und umwickeln Sie sie mit einem Waschlappen, damit sie nicht direkt mit der Haut in Kontakt kommt. Wenden Sie die Kompresse maximal 30 Minuten lang an.

»Kühlkompressen sind in den ersten Tagen nach der Geburt ein wahrer Segen.«

»AHAMA«-Affirmation

Stillen, Schlafmangel und das Bedürfnis nach körperlicher Erholung können manchmal einfach zu viel werden. Diese beruhigende Übung weckt in solchen Momenten Ihre mitfühlende Achtsamkeit.

1

Atmung

Vertiefen Sie Ihre Atmung, indem Sie beim Einatmen bis drei zählen und beim Ausatmen erneut langsam bis drei zählen. Beobachten Sie, wie Sie mit jedem Ausatmen ruhiger werden.

2

Haltung

Verkörpern Sie die würdevolle, offene Präsenz Ihres mitfühlenden Selbsts. Ihr Rücken ist gerade, die Schultern sind locker hinten und unten. Gesicht und Hals sind entspannt.

3

Akzeptanz

Legen Sie sich die Hand aufs Herz und fragen Sie sich freundlich: »Wie geht es mir gerade?« Nehmen Sie Gefühle wie Angst, Wut oder Traurigkeit freundlich zur Kenntnis.

4

Mitgefühl

Mitgefühl mit sich bedeutet, dass Sie all Ihren Eigenschaften und Aspekten Raum geben. Nehmen Sie alle Ängste, Empfindungen und kritischen Gedanken zur Kenntnis.

5

Abstand

Wenn Sie lernen, in stressigen Momenten ein mitfühlendes Licht auf Ihre Gedanken und Gefühle zu werfen, können Sie eine Beobachterposition einnehmen. Stellen Sie sich als fürsorgliche Pilotin vor, die über diesen schwierigen inneren Erfahrungen schwebt. Dies schafft Raum für Sie, um Abstand zu gewinnen und klug und freundlich zu reagieren.

6

Benennen Sie Ihre Gefühle und sagen Sie zu sich:

»Ich habe eine Stressreaktion.
Ich fühle mich __________ (Gefühle einfügen) und ich bin in Sicherheit.«

Als Nächstes erlauben Sie Ihrem mitfühlenden Selbst, Sie zu beruhigen. Üben Sie, diese Aussagen mit sanfter Stimme auszusprechen:
»Diese Gefühle werden vergehen.«
»Ich bin eine gute Mutter.
Ich komme klar.«

Heilsames Kräuterbad

Ein heilsames Kräuterbad bietet eine wunderbare Gelegenheit, sich ungestört zu entspannen und Ihrem Körper zu helfen, sich von Schmerzen und Verletzungen zu erholen. Wenn Sie für ein Vollbad noch nicht bereit sind, kann auch ein Sitzbad Ihre Beschwerden lindern.

Wählen Sie beruhigende Heilkräuter, die antibakteriell und entzündungshemmend wirken. Geben Sie 250 g **naturbelassenes Meersalz** *(siehe links)* und jeweils 50 g **Lavendelblüten, Hamamelisblüten, Ringelblumenblüten** und **Kamillenblüten** (die alle online erhältlich sind) in einen Musselinbeutel und legen Sie diesen ins heiße Badewasser. Genießen Sie Ihr entspannendes, heilsames Bad, sobald das Wasser auf eine angenehme Temperatur abgekühlt ist.

Auch ein Bad mit ätherischen Ölen bietet Linderung und Heilung. Mischen Sie dazu jeweils 3–12 Tropfen antiseptisches, beruhigendes **Lavendelöl** und entzündungshemmendes **Teebaumöl** an einen Esslöffel Trägeröl und geben Sie die Mischung ins Badewasser. Rühren Sie das Wasser um, bevor Sie in die Wanne steigen. Alternativ können Sie einige Flocken beruhigendes **Magnesium** hinzufügen. Bevor Sie ein Bad nehmen, sollten Sie Ihren Arzt oder Ihre Hebamme konsultieren, da manche Wunden länger trocken bleiben müssen.

WERTE UND ÜBERZEUGUNGEN

Professionelle Hilfe annehmen

Es ist wichtig, dass Sie sich professionelle Hilfe bei einer Person Ihres Vertrauens suchen, wenn das Stillen Ihnen Probleme bereitet, Sie mit psychischen Problemen kämpfen oder Sie körperlich nicht auf die Beine kommen.

Jede gesetzlich versicherte Mutter hat in den ersten acht Wochen Anspruch auf Wochenbettbetreuung durch eine Hebamme. Dies ist eine wichtige Gelegenheit, Fragen zu klären oder um Hilfe zu bitten. Da oft etwas Zeitdruck herrscht, überlegen Sie sich am besten vorher, was Sie besprechen möchten. Kümmern Sie sich um weitere Unterstützung, falls Sie diese benötigen. Nach sechs Wochen sollte zwar das Weichteilgewebe einigermaßen verheilt sein, aber bis sich Ihre Bauch- und Beckenmuskulatur vollständig erholt hat, kann es länger dauern. Selbst wenn Sie jetzt Sport und sexuelle Aktivitäten wieder aufnehmen dürfen, kann es noch etwas dauern, bis Sie sich dazu bereit fühlen.

»Halten Sie durch, Sie werden bald wieder ganz Sie selbst sein.«

ANLÄSSE, PROFESSIONELLE HILFE ZU SUCHEN

Wenn Sie Aspekte der Mutterschaft als schwierig empfinden, zögern Sie nicht, sich Hilfe zu suchen. Hinweise, wo Sie Hilfe erhalten, finden Sie auf Seite 214.

Stillen

Bei fortwährenden Problemen mit dem Anlegen des Babys oder anhaltenden Schmerzen über die erste Woche hinaus, sollten Sie sich an eine Hebamme, eine ausgebildete Stillberaterin oder an eine auf das Thema spezialisierte Hotline wenden.

Körper

Erwähnen Sie bei Ihrer ärztlichen Wochenbettuntersuchung nach etwa sechs Wochen alles, was Ihnen nicht ganz in Ordnung erscheint. Schmerzen oder Taubheitsgefühle sind nicht »normal«. So können zum Beispiel Inkontinenz oder Blähungen auf eine Beckenbodenfunktionsstörung hinweisen.

Seele

Seien Sie offen und sprechen Sie über den Grad der Belastung, unter dem Sie gerade leiden. Notieren Sie, wie lange Ihre psychischen Probleme schon andauern, ihre Intensität (wie sehr sie Ihr Selbstgefühl und Ihren Alltag beeinträchtigen) und die Häufigkeit ihres Auftretens.

Bei physischen Problemen

Bitten Sie um eine Überweisung an eine auf Frauengesundheit spezialisierte Physiotherapeutin, die eine vollständige Untersuchung des Bewegungsapparats und der inneren Organe durchführen kann.

Bei psychischen Problemen

Vertrauen Sie sich einer einfühlsamen Person aus Ihrer Familie oder Ihrem Freundeskreis an oder sprechen Sie mit Ihrem Arzt. Er wird Sie, wenn nötig, an die richtigen Stellen weiterverweisen.

Verbundenheit durch Berührung

Sanfte Berührungen sind zentral für unser emotionales Wohlbefinden – selbst Affenbabys brauchen sie, um sich sicher zu fühlen. Die Babymassage ist eine schöne Art, Verbundenheit zu Ihrem Baby zu spüren.

Babys reagieren von Geburt an auf sanfte Berührung. Wenn das Baby einige Wochen alt ist und nicht mehr die Gefahr einer Überstimulierung besteht, möchten Sie vielleicht eine etwas formellere Routine einführen. Wählen Sie dafür einen Zeitpunkt, der nicht unmittelbar nach dem Füttern liegt und zu dem Ihr Baby zufrieden und aufmerksam ist. Streicheln Sie es rhythmisch, mit moderatem Druck, und achten Sie auf Signale, dass es genug hat, wie Weinen oder das Zurückziehen der Beine oder Füße. Verwenden Sie Öle erst nach dem ersten Monat (bei Frühgeborenen noch später), wenn die oberste Hautschicht ausreichend entwickelt ist. Olivenöl wird nicht empfohlen, aber Sie können andere kaltgepresste Öle verwenden, die idealerweise biologisch und parfümfrei sind.

»Singen oder sprechen Sie leise und liebevoll mit dem Baby, während Sie es massieren.«

10-MINUTEN-SEQUENZ

Es ist wichtig, dass Sie Ihr Baby einfühlsam und respektvoll streicheln. Beginnen Sie mit nur einer oder zwei der Techniken. Wenn sich das Baby daran gewöhnt hat, verlängern Sie allmählich bis zur vollen Sequenz und steigern die Dauer der Massage.

01

FUSSMASSAGE

Legen Sie das Baby in einem warmen Raum auf ein Handtuch und bitten Sie es um Erlaubnis, bevor Sie es ausziehen. Setzen Sie sich hin, damit Sie Blickkontakt haben. Nehmen Sie den Fuß des Babys und streichen Sie mit den Daumen sanft von der Ferse zu den Zehen über die Fußsohle. Beobachten Sie, wie sich die Zehen strecken, und wiederholen Sie dann den Massagestrich. Wiederholen Sie dies bei jedem Fuß so oft, wie Ihr Baby es zu genießen scheint.

02

»MELKEN«

Legen Sie Ihre Hände um den Oberschenkel des Babys und ziehen Sie sie sanft vom Oberschenkel bis zur Wade, eine Hand nach der anderen, wie beim Melken. Wiederholen Sie dies so oft, wie es dem Baby zu gefallen scheint, und wiederholen Sie den Vorgang dann am anderen Bein. Sprechen Sie liebevoll mit Ihrem Baby, während Sie seine Beine massieren.

03

»ROLLEN«

Heben Sie das Bein des Babys an und rollen Sie es sanft zwischen den Handflächen. Beginnen Sie am Oberschenkel und bewegen Sie die Hände hinab bis zur Wade. Legen Sie das Bein dann sanft wieder ab. Wiederholen Sie dies so oft, wie es dem Baby zu gefallen scheint. Wechseln Sie dann zum anderen Bein.

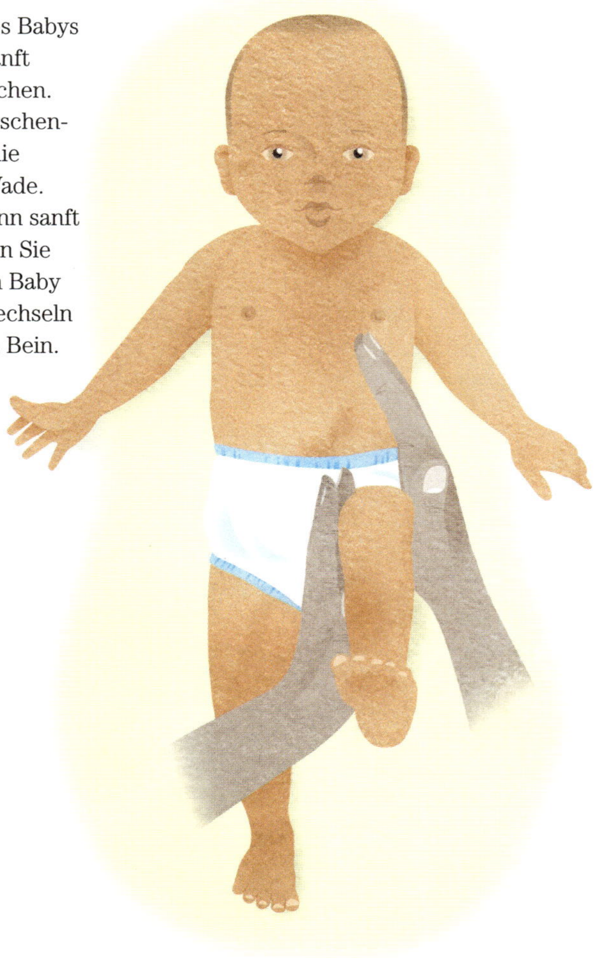

04

GESICHTSMASSAGE

Diese Massage kann Schmerzen beim Zahnen lindern. Konzentrieren Sie sich auf das Gesicht des Babys und achten Sie auf empfindliche Stellen. Zeichnen Sie kleine Kreise auf den Wangen, dann unter der Unterlippe und über der Oberlippe. Ziehen Sie sanft an den Ohrläppchen, da diese Druckpunkte haben, die mit dem Mund verbunden sind.

05

»OFFENES BUCH«

Legen Sie Ihre Zeige- und Mittelfinger beiderseits neben das Brustbein Ihres Babys und streichen Sie sanft nach außen. Folgen Sie dabei dem Verlauf der Rippen. Kehren Sie dann zum Ausgangspunkt zurück und wiederholen Sie die Massage so oft, wie sie dem Baby zu gefallen scheint.

DEN ALLTAG MIT BABY MEISTERN

Die Zeit von der sechsten bis zur zwölften Woche kann besonders anstrengend sein. Zentrieren Sie sich mit Meditation, Affirmationen und Bildern, achtsamem Gehen und sanftem Yoga, um den Erwartungen an die »Supermama« und Ihrem inneren Kritiker etwas entgegenzusetzen. Werden Sie sich Ihrer Werte bewusst, um Zugang zu Ihrer inneren Weisheit zu bekommen.

EINFÜHRUNG

Den Alltag mit Baby meistern

Schaffen Sie sich mithilfe von Achtsamkeit inmitten des Chaos der ersten Monate einen geistigen Freiraum, der es Ihnen ermöglicht, auf Ihre Intuition zu hören, Ihre Werte zu definieren und Ihr Kind bewusst zu erziehen.

Genießen Sie täglich einige besondere Augenblicke der innigen Nähe zu Ihrem Neugeborenen. Gönnen Sie sich inmitten der oft chaotischen Tage eine Auszeit, um über das Wunder, das dieses kleine Wesen ist, zu staunen. Praktizieren Sie Dankbarkeit für »kleine Erfolge« *(siehe S. 114)* und verbinden Sie sich bewusst mit Musik, wenn Sie Ihr Baby in den Schlaf singen *(siehe S. 124)*.

Vom ersten Moment an, in dem sich Ihr Kind ankündigte, wurden Sie mit Ratschlägen bombardiert. Aber nun, nach der Geburt, haben Sie das Sagen. Doch die unzähligen Stimmen der Experten aus Medizin und Medien oder der wohlmeinenden Verwandtschaft zu ignorieren ist nicht leicht. Die oft widersprüchlichen und ungebetenen Ratschläge eint, dass sie wissen, wie »man es richtig macht«. Das löst bei vielen Müttern Ängste aus, zumal ihr Baby all die Vorschriften ja nicht kennt. Der Psychotherapeutin Naomi Stadlen zufolge fühlt sich manche Mutter wie in einer Kampfzone, in der sie jedwede Entscheidung verteidigen muss.

Ein achtsamer Ansatz

Jüngste Forschungen zeigen, wie häufig junge Mütter negative Gedanken haben: Etwa zwei von drei nichtdepressiven Müttern halten sich für eine schlechte Mutter. Je mehr negative Gedanken sie haben, desto schuldiger fühlen sie sich – denn sie reden sich ein, dass sie nicht dem Ideal der »guten« Mutter entsprechen. Das Erkennen und Beobachten des inneren Kritikers – der harschen inneren Stimme, die Ihre Handlungen und Entscheidungen als Mutter verurteilt – ist ein wichtiger Schritt zur Achtsamkeit *(siehe S. 126)*. Finden Sie Wege, sich zu erden, indem Sie sich etwa mit der Natur verbinden *(siehe S. 116)* oder mit ätherischen Ölen entspannen *(siehe S. 132)*.

In diesen frühen Wochen, in denen Ihr Baby so viel von Ihnen verlangt, ist es besonders wichtig für Sie, sich zu zentrieren. Im Alter von etwa sechs bis acht Wochen schreien Babys am meisten. Durch all die Sinneseindrücke, die auf sie einströmen, sind sie oft überreizt. Gestillte Babys neigen auch zu Phasen, in denen sie ständig an die Brust wollen, was an Ihren Kräften zehrt. Ergeben Sie sich der Situation, machen Sie es sich auf dem Sofa bequem und bitten Sie andere, Ihnen eine Pause zu gönnen. Sichern Sie sich tagsüber Zeitfenster, um Stress und Verspannungen mit beruhigenden Yoga-Übungen abzubauen *(siehe S. 138)*.

Die Mär von der »Supermama«

Die Ursache dafür, dass sich junge Eltern unter Druck gesetzt fühlen, liegt im Anspruch unserer Gesellschaft auf Perfektion. Der Mythos der perfekten Supermama, der Mutter als Märtyrerin, sitzt tief. Er prägt unsere Erwartungen

an die Mutterschaft und übt enormen Druck auf Mütter aus, einem unmöglichen Ideal gerecht zu werden. Mütter glauben, sich selbst und der Welt beweisen zu müssen, dass sie ihre Aufgaben spielend meistern und jeden Moment lieben, auch wenn es nicht so ist.

Die Fürsorge für das Baby bringt viele magische, zärtliche Momente mit sich, aber die Unordnung, Müdigkeit und Monotonie, die viele im vierten Trimester erleben, kann ein Schock sein. Die Supermama lässt jedoch keine negativen Gefühle zu. In dem Bestreben, eine »gute« Mutter zu sein, verbergen Frauen ihre Angst, Wut oder Traurigkeit hinter einer Maske der Perfektion. Diese erweckt bei anderen Müttern den Eindruck, dass sie als einzige nicht klarkommen, sodass sie sich mit ihren Problemen noch mehr alleingelassen fühlen.

Die Supermama entthronen

Wenn Sie den unmöglichen Erwartungen an die Supermama mit Achtsamkeit begegnen, können Sie sich von diesem falschen Ideal befreien, sich vergeben und so leben, wie es für Sie am besten ist. Sie gewinnen Abstand und können

EINE MUTTER ERZÄHLT

Obwohl ich ein sehr freundlicher und aktiver Mensch bin, fühlte ich mich isoliert, weil ich nicht konform war. Ich lernte, dass es eine Standardmethode gibt und dass die Nichtbeachtung bestimmter unausgesprochener Regeln selbst die selbstbewusstesten Eltern verunsicherte. Ich war befangen und passte nicht zu den anderen Müttern, weil ich gewisse Normen nicht einhielt. Der Ausweg war Reden ... und Zuhören. Je mehr ich mich öffnete, desto mehr erkannte ich, dass viele Eltern sich ähnlich unzulänglich fühlten wie ich, aber auch, dass wir uns selbst oft viel strenger beurteilten als andere. Auf lange Sicht erwarb ich Selbstvertrauen, indem ich meinen Instinkten folgte.

Vita, Mutter von George

so die negativen Wertungen anderer erkennen. Allerdings ist man jedoch selbst meistens sein größter Kritiker.

Die »ausreichend gute« Mutter

Sich aus Supermamas festem Griff zu befreien bedeutet, sich selbst als »ausreichend gute« Mutter zu akzeptieren. Anstatt sich zu wünschen, gottgleich zu sein, betrachten Sie sich lieber als Gärtnerin. Dies ist eine schöne Art, die »ausreichend gute« Mutter des Psychoanalytikers Donald Winnicott zu verstehen, die ihr Baby mit Liebe und sanfter, aufmerksamer Fürsorge nährt.

Die »ausreichend gute« Mutter ist keine Heilige. Sie ist ein Mensch und macht manchmal Fehler. Das passiert selbst den erfahrensten Müttern. Wichtig ist jedoch eine ausreichende Wiedergutmachung.

Dabei geht es darum, dass Sie zunächst Ihre Gedanken und Gefühle wahrnehmen und sich entspannen *(siehe S. 126)*. Dann können Sie sich durch Kuscheln und sanfte Worte wieder mit Ihrem Baby verbinden. Die Wiedergutmachung zeigt dem Baby, dass aus einem schwierigen Moment oder einem harten Tag etwas Positives entstehen kann. Nehmen Sie sich also »ausreichend gut« als Maßstab und lassen Sie das Ideal der »perfekten« Mutter bewusst los.

Dankbarkeitsgefäß

Die Konsumkultur fordert ständig von uns Müttern, mehr und alles besser zu machen. Dankbarkeit ist ein wirksames Gegenmittel gegen all dieses Begehren und Streben und schenkt Gelassenheit.

1

Notieren Sie jeden Tag drei Dinge auf einen Zettel, für die Sie dankbar sind – idealerweise vor dem Schlafengehen, da Dankbarkeitsempfinden den Schlaf erfahrungsgemäß verbessert. Stecken Sie den Zettel dann in Ihr Dankbarkeitsgefäß.

2

Wiederholen Sie sich möglichst nicht und seien Sie spezifisch. Schreiben Sie zum Beispiel »das leckere Frühstück« und »die Frau, die mich angelächelt hat«. Schreiben Sie auch kleine Erfolge auf, wie »eine ganze Tasse Kräutertee getrunken«.

3

Wenn Sie möchten, danken Sie Ihrem Partner und den Helfern Ihres Unterstützerkreises.

4

Richten Sie nun Ihre Wertschätzung auf sich und Ihr Baby. Für welche kleinen, aber bedeutenden Liebesbeweise könnte Ihr Baby Ihnen heute dankbar sein? Beispielsweise Kuscheln, Reden und Singen mit dem Baby – all die kleinen Dinge, die ihm Sicherheit schenken.

5

Wenn Sie die Dankbarkeitspraxis öfter vergessen, lassen Sie sich durch Ihr Handy oder eine Haftnotiz auf Ihrem Badezimmerspiegel daran erinnern.

6

Wenn Sie möchten, führen Sie ein Tagebuch darüber, wofür Sie dankbar sind und was Ihre Stimmung bessert. Dadurch bilden sich neue Nervenbahnen im Gehirn, die auf Wertschätzung und Zufriedenheit gepolt sind.

Meditativer Spaziergang

Unternehmen Sie mit Ihrem Baby an Tagen, an denen Sie mehr Energie haben, einen achtsamen Spaziergang. Aktivieren Sie auf diesem beruhigenden und erdenden Gang durch die Natur all Ihre Sinne.

1

Beginnen Sie mit mehreren tiefen Atemzügen. Schauen Sie dann aufmerksam nach oben und um sich herum.

2

Benennen Sie **fünf** Dinge, die Sie sehen. Diese können in Ihrer Nähe oder weiter entfernt sein, etwa Ihr Kinderwagen, Blumen, Menschen oder Wolken. Ihr Baby kann noch keine Farben sehen, aber wenn es größer wird, versuchen Sie, die Welt mit seinen Augen zu sehen.

3

Benennen Sie **vier** Dinge, die Sie hören, wie Vogelgezwitscher oder Gespräche zwischen Menschen. Hören Sie zu, ohne zu urteilen. Nehmen Sie auch entfernte Geräusche wahr, etwa das leise Brummen des Verkehrs.

4

Benennen Sie **drei** Dinge, die Sie anfassen können. Nehmen Sie die Empfindungen wahr, zum Beispiel das weiche Gras.

5

Benennen Sie **zwei** Dinge, die Sie riechen können. Atmen Sie achtsam die Gerüche ein, zum Beispiel den Duft der Haut Ihres Babys, den Duft blühender Pflanzen oder den Geruch der frischen Luft.

6

Benennen Sie **eine** Sache, die Sie schmecken können. Das könnte ein Getränk sein oder Sie vergegenwärtigen sich einen Geschmack, den Sie mögen. Machen Sie diese einfache, effektive Übung immer, wenn Sie mit Ihrem Baby unterwegs sind.

NATURHEILMITTEL

Aufbauende Kräutertees

Oft vergisst man genug zu trinken, während man das Baby umsorgt und umhegt. Machen Sie aus der Zubereitung eines nährenden Kräutertees ein entspannendes Wellness-Ritual, das den Körper zugleich mit der benötigten Flüssigkeit versorgt.

Hören Sie auf die Signale Ihres Körpers und reagieren Sie, wenn Sie Durst haben. Sorgen Sie dafür, dass Sie stets genügend Flüssigkeit zu sich nehmen, insbesondere wenn Sie stillen. In Maßen genossen, tun Kräutertees mit heilenden Eigenschaften jungen Müttern gut – trinken Sie aber nur ein bis zwei Tassen schwachen Tee am Tag. Als sicher und geeignet gelten **Brennnessel, Kamille, Haferstroh, Hagebutte** *(siehe rechts),* **Himbeerblätter** und **Zitronenmelisse.** Kamillen- und Melissentees wirken wunderbar beruhigend und verdauungsfördernd. Hagebutten- und Brennnesseltee sind anregend und reich an Mineralien und Vitamin C.

»Kräutertee achtsam zuzubereiten und zu genießen ist ein Akt der Selbstfürsorge.«

Meditative Narbenmassage

Die Kombination von Massage und achtsamer Atmung ist ein kraftvolles Heilungsritual, das Ihnen nach einem Kaiserschnitt ermöglicht, sich durch sanfte Berührung mit Ihrem Körper zu verbinden.

1

Sie können mit der Massage der Kaiserschnittnarbe in der Regel nach sechs bis acht Wochen beginnen, wenn die Wunde trocken und verheilt ist und Arzt oder Hebamme damit einverstanden sind.

2

Legen Sie sich in Rückenlage die Hand auf den Bauch. Atmen Sie bewusst ins Zwerchfell. Bewegen Sie Ihre Hand sanft auf oder knapp oberhalb der Narbe.

»Die sanfte Bauchmassage vereint Gehirn und Körper wieder. Sie fördert die Durchblutung und Heilung.«

3

Geben Sie etwas Öl auf Ihre Hände und massieren Sie zunächst in großen Kreisen den gesamten Bauch im Uhrzeigersinn. Verwenden Sie natürliche kaltgepresste Öle anstelle von synthetischen Ölen. Gut geeignet sind Vitamin-E-Öl, Kokosöl und Hagebuttenöl.

4

Wenn Sie Ihre Narbe nicht direkt berühren möchten, streichen Sie sanft mit einem Wattebausch darüber.

5

Sofern Sie dazu bereit sind, legen Sie Ihre Finger direkt auf die Narbe und drücken sie sanft nach unten, wobei Sie die Finger auf und ab und hin und her bewegen. Sie sollten keine Schmerzen verspüren, aber die Narbe kann empfindlich sein. Drücken Sie vorsichtig auf harte Stellen, bis Sie spüren, dass sie weicher werden.

6

Massieren Sie sich täglich bis zu fünf Minuten lang. Sagen Sie: »Mein Körper ist wunderbar – die Berührung unterstützt seine Heilung.«

Regelmäßig essen

Es ist verlockend, sich mit dem Griff nach einer Packung Kekse einen schnellen Energieschub zu verschaffen. Allerdings fühlt man sich nach einem Zuckerrausch noch erschöpfter. Ziehen Sie nahrhafte, gesunde Snacks vor.

Lassen Sie Mahlzeiten weg, sinkt Ihr Blutzuckerspiegel. Ihnen fehlt Energie und Sie sind anfälliger für Angstzustände und das Gefühl der Überforderung. Regelmäßig das Richtige zu essen ist unerlässlich, damit Sie bei Kräften bleiben – ein Muss für eine junge Mutter. Wenn Sie stillen, haben Sie wahrscheinlich den Drang zu naschen, um sich mit Energie zu versorgen. Stellen Sie sich daher eine Mischung mit ungesalzenen **Nüssen** und **Samen** oder **Früchten** in Ihrem »Zen-Bereich« bereit *(siehe S. 86)*.

Ein einfacher proteinreicher Imbiss sind hart gekochte Eier. **Hummus** *(siehe rechts)* mit **Karotten-, Gurken-, Paprika-** und **Sellerie-**scheiben ist eine gute und gesunde Alternative. Dazu Früchte mit niedrigem glykämischem Index (GI) wie **Blaubeeren, Erdbeeren** und **Birnen.** Anstelle des Hummus können Sie auch **Haferkekse** mit **Cashewbutter** und **Bananenscheiben** probieren.

Musik hören

Die starke Wirkung von Musik ist seit Langem bekannt. Achtsames Musikhören entspannt Sie und Ihr Baby auf geradezu therapeutische Weise, wiederbelebt aber auch Ihre Verbindung zu Ihrem Ich aus der Zeit vor der Geburt Ihres Babys.

Eingespannt in das neue Alltagskarussell aus Füttern und Wickeln scheint mancher Mutter die Zeit vor der Geburt in weite Ferne gerückt. Wo ist die Person geblieben, die früher die Nächte durchtanzte? Hören Sie Ihre Lieblingsmusik aus verschiedenen Phasen Ihres früheren Lebens, um Teile Ihrer Identität wiederzubeleben, die im Moment verschüttet scheinen. Ein Lied, das mit glücklichen Erinnerungen verbunden ist, kann die Stimmung enorm heben. So wird Ihnen auch bewusst, dass ein unbeschwerterer Teil von Ihnen durchaus noch vorhanden ist, auch wenn er vorübergehend etwas aus dem Blickfeld geraten sein mag.

»Musik hebt die Laune, egal, ob Sie Radio hören oder Ihre Lieblingstitel streamen.«

ACHTSAM MUSIK HÖREN

Musik verringert nachweislich Angstzustände, Depressionen und Müdigkeit. Sie hebt die Stimmung und kann sogar das Schmerzempfinden dämpfen. Konzentrieren Sie sich ganz auf den Rhythmus und die verschiedenen Ebenen der Musik.

Die Musik auswählen

Erstellen Sie sich Playlists für verschiedene Tageszeiten. Wählen Sie beispielsweise aufmunternde Lieder, die Ihnen und Ihrem Baby tagsüber Energie schenken. Eine Playlist mit ruhigen Liedern für den Abend entspannt Sie vor dem Schlafengehen und beruhigt Ihr Baby.

Musikalische Erinnerungen schaffen

Egal, ob Sie Klassik, Rock oder Reggae hören, binden Sie Ihr Baby aktiv mit ein. Wir wissen, dass Babys bereits im Mutterleib ein musikalisches Gedächtnis entwickeln. Bis zur Vollendung des ersten Lebensjahres zeigen sie eine Vorliebe für Lieder, die sie bereits vor ihrer Geburt gehört haben.

Anregende Musik

Musik hilft nicht nur Ihnen, sondern genauso auch Ihrem Baby, Gefühlszustände zu regulieren. Am stärksten werden Babys durch schnelle Musik stimuliert, die Ihrem Herzschlag entspricht, und sie mögen Wiederholungen – drehen Sie also die Lautstärke auf und haben Sie Spaß beim gemeinsamen Tanzen in der Küchendisco!

Beruhigende Musik

Schlaflieder beruhigen das Gemüt und geleiten in den Schlaf. Langsame Musik mit einer einfachen Melodie schaltet die Schmerzrezeptoren in unserem Gehirn aus und bereitet uns auf den Schlaf vor. Wiegen Sie Ihr Baby, während Sie ihm vorsingen – es liebt den regelmäßigen Rhythmus der Musik und der Bewegung.

Den inneren Kritiker zum Schweigen bringen

Ständig glauben wir, perfekte Eltern sein zu müssen. Lernen Sie Ihren inneren Kritiker kennen und nehmen Sie seine Worte und die Gefühle dahinter wahr. Dann entmachten Sie diesen finsteren Tyrannen mitfühlend.

1

Erinnern Sie sich an einen Moment, in dem Sie sich selbst beschimpft haben – vielleicht in einer Situation, in der Sie sich als Mutter unzulänglich gefühlt haben.

2

Stellen Sie sich Ihren inneren Kritiker als eigenständige Person vor. Fragen Sie sich, welche Ängste Sie davon abhalten, ihn loszulassen – etwa, dass Sie fürchten, nachlässig zu werden.

3

Stellen Sie sich vor, wie Ihr innerer Kritiker auftritt. Vielleicht ist er ein schimpfender Elternteil oder eine nörgelnde Stimme. Hören Sie zu, was Ihr Kritiker zu Ihnen in diesem stressigen Augenblick sagt.

4

Überlegen Sie, welche Gefühle Ihr innerer Kritiker bei Ihnen hinterlassen hat. Fühlen Sie sich bestraft oder beschämt? Haben Sie Gedanken wie »Ich bin eine totale Versagerin«?

5

Überlegen Sie, welche verletzten Gefühle Ihr Kritiker repräsentiert. Diese signalisieren unerfüllte Bedürfnisse.

6

Verbinden Sie sich bewusst mit Ihrem mitfühlenden, freundlichen und weisen Selbst. Wie zeigt es Verständnis dafür, dass Mutterschaft schwer ist und alle Eltern Schwierigkeiten haben? Bringen Sie Ihren inneren Kritiker mit den Affirmationen unten zum Schweigen.

Sagen Sie sich freundlich:

»Es gibt keinen richtigen Weg als Mutter.«

»Ich werde versuchen,
mit dem Fluss des Lebens zu gehen.«

»Es ist in Ordnung, Fehler zu machen – ich lerne.
Ich tue mein Bestes.«

»Morgen ist ein neuer Tag,
dann fange ich neu an.«

Gute-Laune-Essen

In der emotional instabilen Anfangsphase der Mutterschaft kann sich eine tryptophan- und magnesiumreiche Ernährung positiv auf Ihre Stimmung und Ihr Wohlbefinden auswirken.

Tryptophan ist eine essenzielle Aminosäure. Sie ermöglicht dem Körper, Niacin zu produzieren, das eine Schlüsselrolle bei der Bildung des Neurotransmitters Serotonin spielt. Serotonin wiederum bewirkt Wohlbefinden und Zufriedenheit, reguliert Ängste und Stimmungen und lindert Depressionen. Es ist enthalten in **Huhn, Pute, Eiern, Käse, Fisch, Tofu** und **Milch,** ebenso wie in **Erdnüssen, Kürbiskernen** und **Sesamsamen.** Naschen Sie diese Nüsse, Kerne und Samen öfter mal zwischendurch und streuen Sie sie über den Salat.

Magnesium ist wichtig für die Stimmung und Ihren Energiehaushalt. Ein Mangel kann sich auf Konzentration, Gedächtnis und Schlafqualität auswirken *(siehe S. 160)* und dazu führen, dass Sie sich müde, angespannt und nervös fühlen. Essen Sie **Avocados, Tofu, Vollkornprodukte** und **Hülsenfrüchte,** um die Magnesiumaufnahme zu erhöhen. Naschen Sie **Cashewkerne, Mandeln** und **Paranüsse** und gönnen Sie sich hin und wieder **dunkle Schokolade** mit mindestens 70 Prozent Kakaogehalt *(siehe links).*

Umgang mit Ratschlägen

Als junge Mutter werden Sie von allen Seiten Ratschläge bekommen – von Verwandten, Freunden und Fremden. Das kann sehr anstrengend sein. Üben Sie »entschlossenes Mitgefühl« und ziehen Sie klare Grenzen.

1

Sie werden im vierten Trimester vielleicht besonders dünnhäutig sein und Ratschläge, wie gut sie auch gemeint sein mögen, schnell als Kritik auffassen. Holen Sie sich bei Bedarf Rat bei Ihren engsten Vertrauten. Und denken Sie daran, dass nur Sie die Expertin für sich und für Ihr Baby sind.

2

Erhalten Sie einen unerwünschten Ratschlag, nehmen Sie mehrere tiefe, bewusste Atemzüge, um innerlich Abstand zu gewinnen.

3

Hört sich der Rat wie Kritik an der Art und Weise an, wie Sie sich als Mutter verhalten, nehmen Sie alle schwierigen Gefühle wahr. Legen Sie sich eine Hand aufs Herz, um sich selbst Mitgefühl zu zeigen.

4

Wenn es Ihnen wichtig ist, Ihr Verhalten als Mutter für sich selbst zu bekräftigen, tun Sie dies. Andernfalls fragen Sie sich: »Will ich dafür jetzt wirklich meine Energie verschwenden?«

Hier sind einige mögliche Antworten
auf unerwünschte Ratschläge:

»Danke, das werde ich mir merken.«

»Ich befolge in dieser Sache den Rat meines Arztes.«

**»Danke, ich weiß Ihre Meinung zu schätzen.
Es gibt viele Möglichkeiten, Eltern zu sein;
dies ist der Ansatz, mit dem ich
glücklich bin.«**

5

Wenn Sie sich überfordert fühlen, richten Sie Ihre Aufmerksamkeit auf Ihre Füße. Erden Sie sich, indem Sie sich bewusst machen, dass Ihre Fußsohlen mit der Erde verbunden sind. Mit diesem einfachen Trick bekommen Sie innerlich Abstand zu den unerwünschten Ratschlägen. Halten Sie fest, was Ihnen nützlich erscheint, und lassen Sie den Rest los.

NATURHEILMITTEL

Erdende ätherische Öle

Viele Mütter fürchten sich davor, wenn die »Geisterstunde« näher rückt und das Baby quengelig wird. Ätherische Öle helfen Ihnen, sich inmitten dieser Turbulenzen zu erden.

Sie werden vielleicht feststellen, dass Ihr ansonsten zufriedenes Baby gegen Ende des Tages unleidlich wird. Inzwischen sind auch Sie erschöpft und Sie können kaum noch klar denken. Geben Sie dann ein oder zwei Tropfen eines ätherischen Öls Ihrer Wahl auf einen Wattebausch oder ein Taschentuch und atmen Sie es ein. **Lavendel, Patchouli** und **Rosengeranie** stellen Ihre Ruhe und Ausgeglichenheit wieder her. **Neroli** wirkt erdend und **Römische Kamille** *(siehe rechts)* ist wunderbar entspannend für Sie und Ihr Baby. Denken Sie daran, dass bei ätherischen Ölen weniger mehr ist – bereits wenige Tropfen entfalten eine starke Wirkung.

»Wenn Ihr Atem und Ihre Herzfrequenz langsamer werden, wird auch Ihr Baby ruhiger.«

Ihr Rückzugsort

Sich als junge Mutter überfordert zu fühlen ist keine Seltenheit. Gut, wenn Sie dann einen Rückzugsort haben, auch wenn er nur in Ihrem Kopf existiert. Schöne Erinnerungen können Sie wieder aufbauen.

1

Atmen Sie in Ihrem natürlichen Rhythmus. Denken Sie an einen besonderen Ort der Ruhe – das kann ein Sandstrand, ein Wald oder eine Bank im Garten sein.

2

Schauen Sie sich um: Was sehen Sie? Ein schimmerndes blaues Meer oder eine saftig grüne Wiese? Was spüren Sie? Vielleicht die Wärme der Sonne oder eine sanfte Brise? Nehmen Sie Gerüche wahr? Vielleicht salzige Seeluft oder frisch geschnittenes Gras? Was hören Sie? Das sanfte Plätschern von Wellen oder Vogelgezwitscher?

3

Stellen Sie sich vor, dass Ihr Rückzugsort Freude darüber empfindet, dass Sie da sind. Lächeln Sie und entspannen Sie sich.

4

Stellen Sie sich nun vor, ein mitfühlendes »anderes« an Ihren Rückzugsort einzuladen. Dies kann eine Person, ein Tier, ein Bild, eine Farbe oder ein Objekt sein. Was immer Sie auswählen, wird Ihr liebevoller Beschützer sein, der Wärme und Verständnis ausstrahlt.

5

Überlegen Sie, was Ihr Beschützer Ihnen sagen könnte. Zum Beispiel: »Alles wird gut. Du wirst geliebt. Du bist nicht allein, ich bin hier bei dir.«

6

Nehmen Sie alle angenehmen Empfindungen in Ihrem Körper wahr, während Sie in Ihrem sicheren Heiligtum an Ihren liebevollen Beschützer denken.

7

Überlegen Sie, welches Wort Sie mit Ihrem Rückzugsort verbinden könnten. Behalten Sie dieses Wort zusammen mit den entspannten Gefühlen im Kopf.

8

Nehmen Sie diese schönen Gefühle mit durch den Tag. Wenn ein Sturm aufzieht, rufen Sie sie wach und denken an Ihr Wort, das Sie mit Ihrem Rückzugsort verbinden.

Reflexion über Mutterschaft

Wenn Sie sich darüber klar werden, wie Sie als Mutter sein möchten, werden Sie leichter erkennen, welche Ratschläge Ihnen dienlich sind und welche nicht. Lassen Sie sich in der Gestaltung Ihres Familienlebens von Ihren eigenen Werten leiten.

1

Setzen Sie sich an einen ruhigen Ort, an dem Sie einen Moment nachdenken können. Machen Sie sich während dieser Übung einige Notizen.

2

Stellen Sie sich vor, dass Ihr Baby schon erwachsen ist. Überlegen Sie, wie es aussehen und was es tun könnte.

3

Was wünschen Sie Ihrem erwachsenen Kind? Welche Qualitäten und Eigenschaften hoffen Sie, bei ihm gefördert zu haben?

4

Stellen Sie sich nun vor zu hören, wie Ihr erwachsenes Kind einem Freund erzählt, wie glücklich es ist, eine Mutter wie Sie zu haben. Was schätzt es an Ihnen besonders?

5

Kehren Sie nun zu sich und Ihrem Baby zurück. Wenn Sie es genauso aufziehen könnten, wie Sie wollten – frei von äußerer und innerer Kritik – was würden Sie anders machen?

6

Wenn Sie fertig sind, überprüfen Sie Ihre Notizen. Fassen Sie alle Dinge, die Ihnen wichtig sind, schriftlich zusammen. Lesen Sie sie, wenn Sie bei einer Entscheidung unsicher sind, und lassen Sie sich von Ihren Werten leiten.

YOGA

Übungen und Haltungen

Bei allem Schlafmangel und Fokus auf Ihr Baby Zeit für Sport zu finden, ist nicht einfach. Aber sich nach der Geburt Raum zu schaffen, um wieder seinen Körper zu spüren, ist eine wunderbare Art, wieder mit sich selbst in Kontakt zu kommen.

Die Fürsorge für ein Baby ist sehr kräftezehrend. Ein wenig Zeit, um die Schultern zu entspannen, befreit Sie von Schmerzen und bringt Sie emotional wieder ins Gleichgewicht. Jungen Mamas wird empfohlen, nach einer vaginalen Geburt sechs und nach einem Kaiserschnitt zwölf Wochen zu warten, bis sie wieder Sport treiben. Bevor Sie also regelmäßig Yoga praktizieren, sollten Sie von Hebamme, Yogalehrer/in oder Arzt eine Rektusdiastase ausschließen lassen, bei der der rechte und linke gerade Bauchmuskel zur Seite abweichen und sich ein fühlbarer Spalt bildet. Wenn Sie bereit sind, beginnen Sie sanft und langsam mit dieser Yogasequenz und nehmen Ihren Körper bewusst wahr.

»Diese sanften Übungen lösen die Verspannungen, die die Fürsorge für ein Neugeborenes oft verursachen.«

20-MINUTEN-SEQUENZ

Sanftes Yoga schafft Vertrauen in den eigenen Körper und hilft, in Kontakt mit sich selbst zu kommen. Beginnen Sie behutsam mit wenigen Übungen und steigern Sie sich langsam bis zur ganzen Sequenz, sobald Sie genug Kraft haben.

01

KINDHALTUNG IN RÜCKENLAGE

Legen Sie sich auf den Rücken, mit dem Kopf auf einem Kissen. Ziehen Sie Ihre Knie nacheinander an die Brust. Legen Sie Ihre Hände sanft um Ihre Knie. Schaukeln Sie ein bis zwei Minuten hin und her und spüren Sie die Massage im unteren Rücken. Bewegen Sie sich so schnell oder so langsam, wie es angenehm ist. Rollen Sie sich zum Schluss zur Seite und drücken Sie sich vorsichtig nach oben in die Sitzhaltung.

02

ADLER IM SITZEN

Nehmen Sie eine bequeme Sitzhaltung mit geradem Rücken ein und strecken Sie die Arme nach vorn. Umarmen Sie sich so, dass der linke Arm über dem rechten liegt. Die Ellbogen bleiben gekreuzt, wenn Sie nun beide Unterarme nach oben heben. Kreuzen Sie die Handgelenke, sodass sich die Handflächen berühren. Atmen Sie gleichmäßig. Ziehen Sie beim Ausatmen die Schultern leicht nach unten und heben Sie die Ellbogen von der Brust weg. Wiederholen Sie nach zehn Atemzügen die Übung mit dem rechten Arm oben.

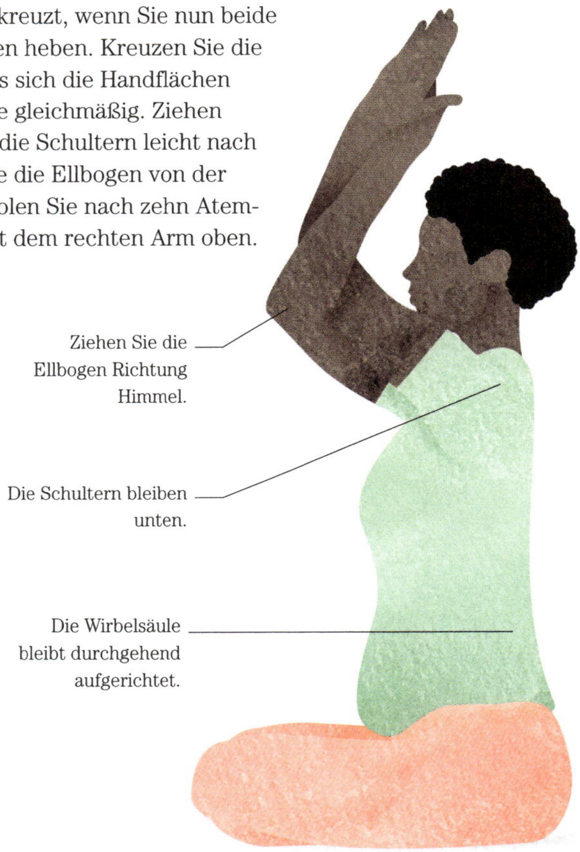

03

KATZENBUCKEL

Gehen Sie langsam in den Vierfüßlerstand. Die Hände stehen unter den Schultern, die Knie sind hüftbreit geöffnet, der Rücken ist flach. Atmen Sie entspannt ein und aus. Wölben Sie beim Ausatmen den Rücken nach oben. Halten Sie die Position, drücken Sie dann leicht die Hände in den Boden und bewegen Sie die Schultern weg von den Ohren. Wenn möglich, wölben Sie den Rücken noch etwas mehr und halten die Position fünf bis sieben Atemzüge lang. Spannen Sie den Beckenboden sanft an, aber nur wenn es angenehm ist. Den Rücken wieder flach machen und erneut wölben. Wiederholen Sie die Übung drei Mal.

ANSPANNUNG LÖSEN

Atmen Sie in dieser wunderbar erdenden Pose bewusst, um alle Anspannung zu lösen.

04

VIERFÜSSLERSTAND MIT DEHNUNG

Drücken Sie im Vierfüßlerstand die Hände in den Boden. Strecken Sie ein Bein nach hinten, stellen Sie die Zehen auf und schieben Sie die Ferse nach hinten. Atmen Sie ein, und strecken Sie mit dem Ausatmen die Rückseite des ausgestreckten Beins noch stärker, um die Waden angenehm zu dehnen. Halten Sie die Position, wenn möglich, zehn Atemzüge lang. Mit dem anderen Bein wiederholen. Wenn gewünscht, wiederholen Sie die ganze Übung. Kommen Sie dann wieder in den Vierfüßlerstand und stehen Sie vorsichtig auf.

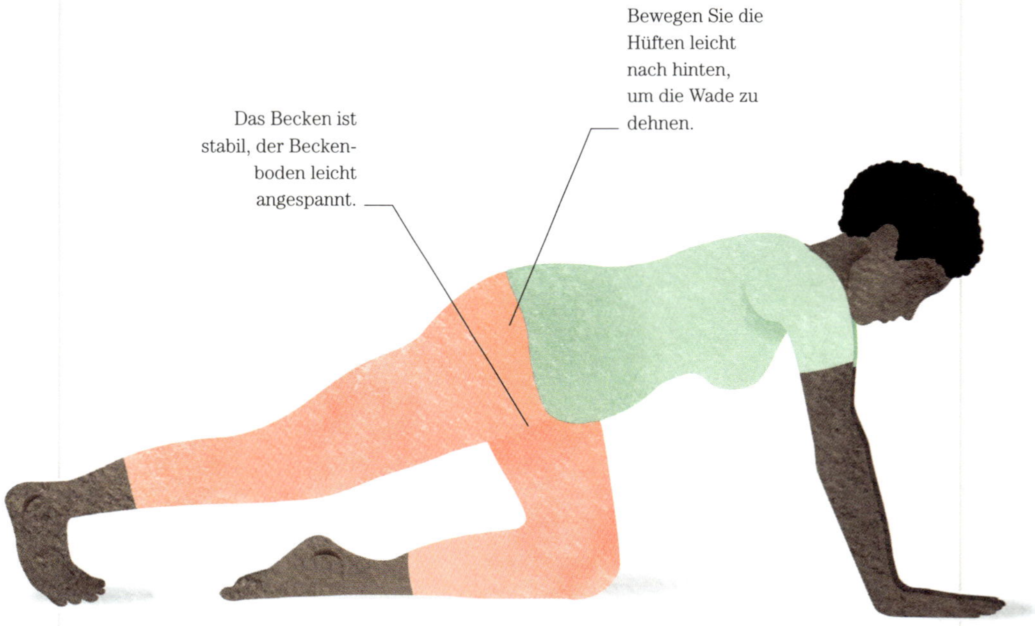

05

BERGHALTUNG

Die Füße stehen hüftbreit. Spannen Sie sanft die Beinmuskeln an und ziehen Sie die Knie und die Innenseiten der Fußgewölbe nach oben, um sich zu stabilisieren und zu erden. Der Beckenboden ist ebenfalls angespannt, um Sie noch mehr zu stabilisieren. Machen Sie Wirbelsäule und Nacken lang. Achten Sie auf den sanften Rhythmus Ihres Atems, der Leichtigkeit, Weite und innere Ruhe bringt. Halten Sie die Position etwa eine Minute lang.

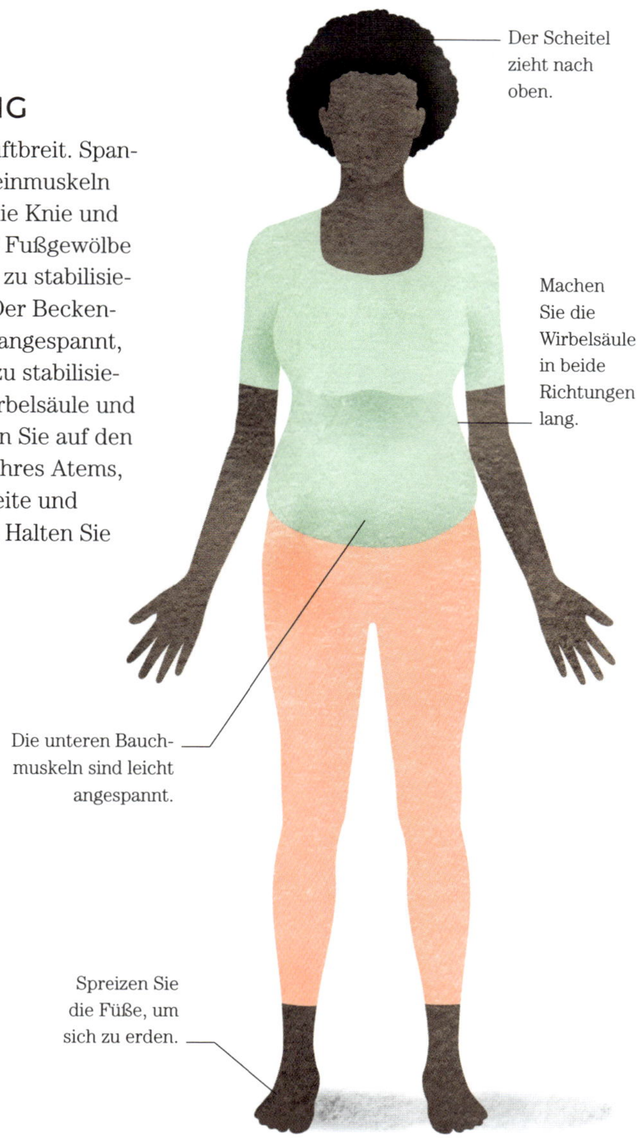

06

SITZENDE VORWÄRTSBEUGE

Setzen Sie sich bequem auf einem Block oder ein Kissen. Strecken Sie die Beine nach vorn. Beugen Sie die Knie ein wenig, falls nötig. Strecken Sie die Arme nach oben und schaffen Sie so möglichst viel Länge aus dem Becken heraus. Beugen Sie sich dann sanft nach vorn, die Hände legen Sie neben den Beinen ab. Drücken oder ziehen Sie nicht in die Haltung, seien Sie einfach präsent und spüren Sie Ihren Atem. Bleiben Sie für bis zu zehn Atemzüge in dieser Stellung.

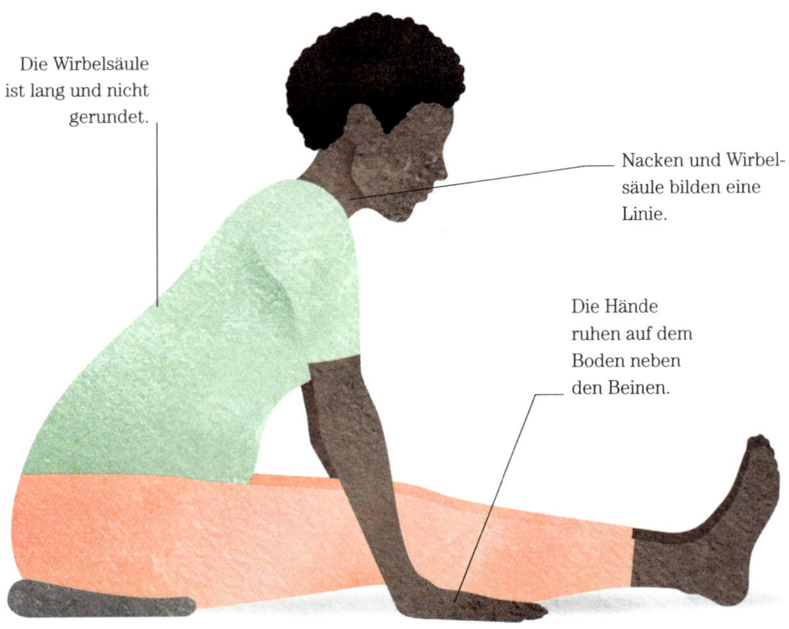

07

ENTSPANNUNG IN SEITENLAGE

Legen Sie sich auf eine Seite. Ein Kissen unter dem Kopf stützt den Nacken. Beugen Sie ein oder beide Knie und legen Sie sich Kissen oder Blöcke zwischen die Beine, die vor Ihrem Körper auf dem Boden ruhen. Lassen Sie den unteren Arm sanft auf dem Boden ruhen, in einer Linie mit der Schulter, und den oberen Arm, wo es sich bequem anfühlt. Atmen Sie sanft und lassen Sie einfach los. Ruhen Sie in dieser Position, solange Sie möchten.

DAS BABY FÜTTERN

Diese Haltung ist sehr entspannend und ideal geeignet, um das Baby zu stillen.

»Erlauben Sie sich, einfach nur zu sein und zu atmen.«

RÜCKKEHR INS LEBEN

Nach drei bis sechs Monaten haben Sie sich vielleicht schon etwas in Ihre Rolle als Mutter eingelebt. Um mit dem Schlafmangel fertig zu werden, können Sie auf mitfühlende Meditationen und Visualisierungen, natürliche Heilmittel und aufbauende Ernährung zurückgreifen. Praktizieren Sie achtsames Sprechen und Zuhören, um Verbundenheit und Nähe zu Ihrem Partner zu schaffen.

EINFÜHRUNG

Rückkehr ins Leben

Ihr Kleines wird aktiver und belohnt Ihre Mühen mit Quietschen und Lächeln. Feiern Sie wundervolle Momente der Verbundenheit – sie zeigen, wie nah Sie und Ihr Baby sich gekommen sind.

Wenn Ihr Baby die Neugeborenenphase hinter sich gelassen hat, ist es an der Zeit, dass Sie sich wieder der Welt zuwenden. Vielleicht gehen Sie jetzt häufiger raus, treffen andere Mütter zum Mittagessen und besuchen Eltern-Baby-Gruppen. Vielleicht finden Sie und Ihr Baby auch allmählich einen gemeinsamen Rhythmus oder Sie haben sich zumindest an seine Fütterungs- und Schlafzeiten gewöhnt.

Nehmen Sie sich Zeit, einfach mit Ihrem Baby zusammen zu sein, sich mit ihm zu beschäftigen und sein Verhalten zu spiegeln. Ihr Baby liebt es, wenn Sie auf sein Gebrabbel antworten. Diese spielerischen Interaktionen stärken sein Selbstwertgefühl und sind ein wichtiger Bestandteil seiner Entwicklung *(siehe S. 152)*. Machen Sie weiterhin achtsame Spaziergänge mit Ihrem Baby *(siehe S. 116)* und weisen Sie es auf Dinge hin, die Sie sehen, hören oder riechen.

Da Ihr Baby nun länger wach ist, kommen möglicherweise neue Herausforderungen auf Sie zu. Eine davon ist sehr wahrscheinlich die Bewältigung der kumulativen Erschöpfung durch häufige Schlafunterbrechungen. Obwohl das Baby nämlich tagsüber wacher ist und weniger schläft, wacht es wahrscheinlich nachts trotzdem noch mehrmals auf, weil es Hunger hat und Nähe sucht. Nutzen Sie natürliche Heilmittel, um Ihren Schlaf zu bessern *(siehe S. 164)*, und Yoga, um sich zu regenerieren *(siehe S. 174)*.

Schlafmangel

Als frischgebackene Mutter fühlt man sich nach einer gut durchgeschlafenen Nacht unbesiegbar und jongliert Aufgaben mit der Geschicklichkeit einer Akrobatin. Nach Nächten mit wenig Schlaf dagegen erscheint alles düster und unbewältigbar. Das Schlafen in Abschnitten von nur ein bis zwei Stunden beraubt Sie sowohl des Tief- als auch des REM-Schlafs, der für Träume, Lernen und Gedächtnis wichtig ist.

Mütter berichten von einer so starken Müdigkeit, dass sie Hausschlüssel in den Kühlschrank legen und googeln, ob man an Schlafmangel sterben kann.

Negative Gedanken und Gefühle

Schlafentzug ist kein Spaß – er führt zu körperlicher Erschöpfung, verminderter Energie, Reizbarkeit, Verlust des Kurzzeitgedächtnisses und Konzentrationsschwierigkeiten. Darüber hinaus sind chronische Schlafstörungen mit Depressionen und Angstzuständen verbunden. Die Müdigkeit kann so groß sein, dass Sie Angst haben, Ihr Baby unbeabsichtigt zu verletzen. Über diese Angst wird wenig gesprochen, aber sie ist unglaublich verbreitet. Studien zeigen, dass fast jede Mutter sich Sorgen darüber macht, Ihrem Baby versehentlich Schaden zuzufügen.

Jede zweite Frau berichtet auch von Gedanken, ihrem Baby bewusst zu schaden – obwohl sie ihrem Kind nie absichtlich wehtun würde. Derartige verstörende Gedanken rufen in der Regel Scham und Schuldgefühle hervor. Viele Frauen interpretieren sie als Zeichen dafür, dass sie eine schlechte Mutter sind. Die Tatsache, dass sie sich für solche Gedanken schämen, ist jedoch ein starkes Zeichen dafür, dass sie ihrem Baby nichts antun würden.

Achtsamkeit ermöglicht es Ihnen, mit unerwünschten Gedanken umzugehen, ohne sich als Mutter zu verurteilen *(siehe S. 172)*. Wenn Sie jedoch ein wirklich überwältigendes Verlangen haben, sich selbst oder Ihrem Baby zu schaden, suchen Sie dringend Hilfe *(siehe S. 214)*.

Umgang mit Schlafmangel

Ein grausamer Trick des Schlafentzugs ist, dass er unsere Wahrnehmung verzerrt. Stillende Mütter, die insgeheim eine Abneigung gegen das Stillen verspüren, werden dann von selbstkritischen Gedanken wie »Ich versage, ich schaffe das nicht« aufgefressen. Diese angstbasierten Überzeugungen haben ihre Ursache teilweise im Supermama-Mythos, demzufolge Mütter es lieben

EINE MUTTER ERZÄHLT

Vor der Geburt meiner Tochter kannte ich Schlafentzug, aber auf diese Form kann einen nicht wirklich etwas vorbereiten. Ich bekam nur noch hier und da ein paar Stunden Schlaf und befand mich in einem ständigen Überlebensmodus, meine schwindende Energie verwendete ich darauf, mein Baby zu ernähren und zu schützen. Meine negativen Gedanken hielt ich für Vorboten beginnenden Wahnsinns, also behielt ich sie für mich. Doch dann erfuhr ich, dass solche Gedanken weitverbreitet sind, und fühlte mich verstanden. Als ich merkte, dass mit mir nichts verkehrt war und meine Angstzustände schwächer wurden, kam auch der Schlaf zurück und ich konnte die Zeit mit meinem Baby endlich genießen.

Pippa, Mutter von Peggy

»Reflektieren Sie nicht nur über die ›Gespenster im Kinderzimmer‹, sondern denken Sie auch an Ihre Engel.«

müssen, ihr Baby zu versorgen. Auf Ihre Emotionen zu achten bedeutet, dass Sie sich Ihren Gefühlen zuwenden und sich um sie kümmern. Wenn Sie Atem und Körper dazu verwenden, Ihren inneren Ort der Sicherheit zu finden, wecken Sie Mitgefühl für sich und auch für Ihr Baby. Nutzen Sie die Erdungsübungen auf den Seiten 168 und 170 als Hilfestellung.

Wie viel Sie aushalten, hängt zum Teil von Ihren frühen Erfahrungen ab. Wenn Sie Mutter werden, können die »Gespenster im Kinderzimmer« Sie heimsuchen. Diese »Gespenster« beziehen sich auf Ihre Beziehungen zu Ihren primären Bezugspersonen, von denen Sie etwas über sich selbst, über andere und über die Welt gelernt haben. Wenn Sie sich als Kind nicht sicher und geborgen fühlten, kann die Trennung vom eigenen Baby, etwa um es schlafen zu legen, schmerzhafte Gefühle hervorrufen. Teilen Sie diese negativen Gefühle Ihrem Partner oder einer vertrauten Person mit, wird es Ihnen leichter fallen, damit umzugehen *(siehe S. 166)*.

Selbstfürsorge

Alle Mütter müssen lernen, sich um sich selbst zu kümmern. Das Beruhigungssystem zu aktivieren und freundlich zu sich zu sein erfordert bewusste Anstrengung – es passiert nicht einfach so. Seien Sie achtsam und mitfühlend mit sich und tun Sie sich etwa mit einem beruhigenden Ritual vor dem Schlafengehen *(siehe S. 164)* und gesunder Ernährung *(siehe S. 154 und S. 160)* etwas Gutes. Geben Sie negativen Emotionen Raum, erkennen Sie, wann das Maß voll ist, schöpfen Sie neue Kraft und geben Sie der »Zeit für mich« Priorität, indem Sie Yoga Nidra *(siehe S. 158)* oder restoratives Yoga *(siehe S. 174)* praktizieren.

Achtsam das Spiel genießen

Im Spiel entdeckt Ihr Baby die Welt. Es lernt, sich zu fokussieren, mit anderen zu interagieren und Ideen auszuprobieren. Sein Lieblingsspielzeug sind Sie – seien Sie in diesen Momenten möglichst entspannt, achtsam und präsent.

»Im Spiel gewinnt man einen wunderbaren Einblick in die Welt des Babys.«

1

Nehmen Sie sich täglich zehn Minuten Spielzeit, um die Beziehung zu Ihrem Baby zu stärken. Am meisten liebt Ihr Baby Ihre aufmerksame Präsenz. Wenden Sie sich in dieser Zeit ausschließlich dem Baby zu.

2

Abhängig von Ihren eigenen Kindheitserfahrungen kann Spielen auch Angst oder Langeweile hervorrufen. Überlegen Sie, welchen Stellenwert Spielen hatte und ob Sie dazu ermutigt wurden.

3

Widerstehen Sie dem Druck, Ihrem Baby etwas beizubringen. Es entdeckt gerade seine Fähigkeit, Einfluss auf die Welt zu nehmen. Achten Sie auf kritische Gedanken und lassen Sie sie los. Beobachten Sie nur und seien Sie neugierig.

4

Halten Sie das Baby so, dass es Ihr Gesicht sieht, und spiegeln Sie seine Mimik, seine Laute und seine Handlungen. Babys lieben es, menschliche Gesichter zu betrachten. Spielen Sie »Guckguck« und Spiele auf dem Schoß.

5

Beobachten Sie, wie Ihr Baby verschiedene Materialien, Strukturen und Formen erforscht, wie zum Beispiel einen Holzlöffel, einen Ball oder ein Stofftier.

6

Kommentieren Sie, was Sie sehen – ohne einzugreifen. So kann Ihr Baby die Welt selbst entdecken.

7

Sprechen Sie mit Ihrem Baby, während es spielt. Langfristig fördern solche Gespräche die Sprachentwicklung.

Präbiotika und Probiotika

Präbiotika und Probiotika sind wichtig für einen gesunden Darm. Es gibt Hinweise darauf, dass Stimmungsprobleme mit der Darmgesundheit zusammenhängen. Halten Sie daher Ihr Darmmilieu im Gleichgewicht.

Präbiotika sind unverdauliche faserige Nahrungsbestandteile, die die nützlichen Bakterien ernähren, während Probiotika die nützlichen Bakterien im Darm vermehren. Präbiotika sind zum Beispiel **Zwiebeln, Knoblauch** *(siehe links)*, **Lauch, Spargel** und **Kichererbsen.** Probiotika sind lebende Bakterienkulturen und Hefen in fermentierten Lebensmitteln wie **Miso, Kefir, Sauerkraut** und **probiotischem Joghurt,** die die Verdauung, den Stoffwechsel und damit auch den Schlaf verbessern können.

»Es gibt Hinweise auf einen Zusammenhang zwischen Darmgesundheit und Stimmung.«

WERTE UND ÜBERZEUGUNGEN

Achtsam sprechen und zuhören

Schwangerschaft und Geburt verändern die Dynamik einer Paarbeziehung. Alles dreht sich nur noch um das Baby und vielleicht ist eine bewusste Anstrengung erforderlich, um sich dem Partner wieder anzunähern.

Diese Übung lädt Sie und Ihren Partner (oder eine vertraute Person) ein, einen sicheren, offenen Raum zu schaffen, in dem Sie einander wirklich zuhören. Überlegen Sie im Vorfeld, was dem gegenseitigen Zuhören im Wege steht. Wenn Sie erschöpft und gestresst sind, neigen Sie vielleicht dazu, einfach abzuschalten oder dem Partner Vorwürfe zu machen. Vielleicht möchten Sie auch, dass er Ihnen nur einfühlsam zuhört und nicht Ihre Probleme löst.

»Elternstress kann die Kommunikation in der Paarbeziehung stören. Schaffen Sie sich daher Raum zum Reden.«

SICH MIT DEM PARTNER NEU VERBINDEN

Nutzen Sie diese Übung als reflexive Entdeckungsreise, doch einigen Sie sich vorher auf gegenseitiges Verständnis als Ziel.

Sich Zeit nehmen

Nehmen Sie sich wöchentlich 20 Minuten Zeit, um sich die unten aufgeführten Fragen zu stellen. Die erste Person, die antwortet, teilt ihre Gefühle ehrlich mit, ohne unterbrochen oder kritisiert zu werden. Dann werden die Rollen getauscht.

Ruhe bewahren

Bevor Sie eine Frage beantworten, atmen Sie mehrmals tief durch. Nehmen Sie alle Empfindungen, Gefühle und Gedanken wahr. Fragen Sie sich: »Was ist hier meine Absicht? Was brauche ich?«

Achtsam zuhören

Schenken Sie Ihrem Partner beim Zuhören freundliche Aufmerksamkeit. Nutzen Sie Ihren Atem als Anker, um präsent zu bleiben. Bleiben Sie offen und empfänglich und besinnen Sie sich auf Ihren Atem, wenn Ärger oder Urteile in Ihnen aufsteigen.

Fragen stellen

Die erste Person stellt der Reihe nach folgende Fragen; die zweite Person reagiert ehrlich darauf.

»Wie war dein Tag?«

»Wie fühlst du dich?«

»Erzähl mir eine Sache, die diese Woche gut gelaufen ist.«

»Sag mir eine Sache, die diese Woche schwierig war.«

Lösungen

Wenn Sie beide geantwortet haben, besprechen Sie mögliche Lösungen. Wenn Sie Anerkennung für Ihre Leistung möchten, bitten Sie darum. Es kann auch eine Umarmung oder der Wunsch nach Unterstützung sein, wie sich beim Baden des Babys abzuwechseln. Bedanken Sie sich zum Schluss beieinander für Ihre offene Präsenz.

Yoga Nidra

Yoga Nidra ist ein Bewusstseinszustand zwischen Wachen und Schlafen, der typischerweise durch eine geführte Meditation ausgelöst wird. Es schenkt erschöpften Müttern inneren Frieden und Erholung.

1

Legen Sie sich bequem hin. Verbinden Sie sich mit Ihren Sinnen und konzentrieren Sie sich auf den Atem. Mit jedem Ausatmen wird Ihr Körper weicher.

2

Sagen Sie, wie Sie sich gern fühlen möchten. Zum Beispiel: »Ich bin genug.« Stellen Sie sich vor, wie es wäre, wenn dies jetzt eintreten würde.

3

Wandern Sie mit Ihrer Aufmerksamkeit durch den Körper, die rechte Seite hinab und die linke wieder hinauf. Benennen Sie im Geist jeden Körperteil.

4

Entspannen Sie mit Ihrer Aufmerksamkeit jeden Körperteil. Richten Sie Ihr Bewusstsein wieder auf Ihren Atem, beobachten Sie zehn Atemzüge und denken Sie: »Der Körper atmet ein … der Körper atmet aus.«

5

Nehmen Sie das Gefühl von Schwere im Körper wahr. Laden Sie nun das Gefühl der Leichtigkeit zu sich ein. Wechseln Sie dann zwischen diesen beiden Empfindungen.

6

Stellen Sie sich vor, dass Sie draußen in der Natur sind, vielleicht an Ihrem besonderen Ort. Nehmen Sie die schöne Umgebung wahr und was Sie sehen, hören und riechen können. Hier fühlen Sie sich entspannt und sicher. Atmen Sie die lebensspendende Luft ein. Sie können jederzeit an diesen Ort zurückkehren, um Ruhe und Geborgenheit zu finden.

7

Lassen Sie die Achtsamkeit für ein paar Minuten in Ihrem Herzen ruhen. Dann verlagern Sie Ihre Aufmerksamkeit von Ihrer inneren in die äußere Welt. Verbinden Sie sich wieder mit Ihrem physischen Körper. Nehmen Sie Ihren Atem wahr und schenken Sie sich einen Moment der Dankbarkeit dafür, dass Sie sich diese Zeit gegeben haben.

Schlaffördernde Nahrungsmittel

Schlafentzug kann dazu führen, dass Sie sich vor Müdigkeit wie benebelt fühlen und sich nicht konzentrieren können. Melatonin-, magnesium- und tryptophanhaltige Nahrung verbessert die Schlafqualität.

Um Ihren Schlaf zu verbessern, essen Sie mehrere Stunden vor dem Schlafengehen eine Handvoll **Mandeln.** Sie enthalten das schlafregulierende Hormon Melatonin sowie Magnesium, das den schlafstörenden Cortisolspiegel senkt. Es gibt auch Hinweise darauf, dass moderate Proteinmengen vor dem Schlafengehen den Schlaf verbessern können, beispielsweise in Form eines **Puten**sandwichs zum Abendessen. Putenfleisch ist proteinreich und enthält die Aminosäure Tryptophan, die die Melatoninproduktion fördert. Als schlafförderndes Getränk nehmen Sie zwei Esslöffel konzentrierten **Sauerkirschsaft** *(siehe rechts)* zu sich.

»Sauerkirschen enthalten viel Melatonin und Tryptophan.«

Blätter im Bach

Denken Sie daran, dass Sie nicht Ihre Gedanken sind. Machen Sie diese Übung, um sich von Ihren Gedanken, Gefühlen und Empfindungen zu trennen. Beobachten Sie sie, ohne sie festzuhalten oder zu beurteilen.

1

Nehmen Sie eine bequeme Sitzposition ein. Verankern Sie sich mit Ihrem Atem im gegenwärtigen Moment. Stellen Sie sich vor, dass Sie am Ufer eines sanft dahinfließenden Baches sitzen, auf dessen Wasseroberfläche Blätter treiben.

2

Legen Sie jeden Gedanken, der Ihnen in den Sinn kommt, auf ein Blatt und lassen Sie ihn davonschwimmen. Dabei ist es völlig egal, ob der Gedanke fröhlich, traurig oder neutral ist.

3

Lassen Sie den Bach in seinem eigenen Tempo fließen. Versuchen Sie nicht, ihn oder Ihre Gedanken zu beschleunigen. Lassen Sie die Gedanken einfach kommen und gehen, ohne sich emotional zu engagieren.

4

Wenn Ihr Verstand Ihnen sagt: »Das ist albern« oder »Mir ist langweilig«, nehmen Sie diese Gedanken wahr, legen sie ebenfalls auf Blätter und beobachten, wie sie davonziehen.

5

Treten lästige oder schmerzliche Gefühle auf, akzeptieren Sie sie einfach. Sagen Sie sich: »Ich merke, dass ich ungeduldig oder frustriert bin« (oder jedes andere unangenehme Gefühl). Legen Sie diese Gedanken auf Blätter und lassen Sie sie davonziehen.

6

Vielleicht verlieren Sie sich von Zeit zu Zeit in Ihren Gedanken. Das ist völlig normal.

7

Sobald Sie merken, dass Ihre Gedanken Sie ablenken, richten Sie Ihre Aufmerksamkeit einfach wieder auf den Bach.

8

Nehmen Sie zum Abschluss den Boden unter sich und die Luft auf Ihrer Haut wahr und kehren Sie langsam wieder in den Raum zurück.

Beruhigendes Abendritual

Nach monatelangen Schlafunterbrechungen müssen erschöpfte Mütter möglicherweise wieder neu schlafen lernen. Schaffen Sie abendliche Rituale mit natürlichen Heilmitteln wie beruhigenden ätherischen Ölen und Kräutertees, die Ihnen helfen, sich zu entspannen.

Es ist nicht einfach, Zeit für ein Abendritual zu finden, aber es hilft, Geist und Körper auf den Schlaf vorzubereiten. Machen Sie Ihr Schlafzimmer zu einem ruhigen Ort: kühl, still und dunkel. Meiden Sie abends stimulierende Aktivitäten wie Social Media oder intensive Diskussionen mit dem Partner. Nehmen Sie mindestens zwei Stunden vor dem Schlafengehen keine schwere Mahlzeit oder Alkohol zu sich. Kräutertee ist ideal. Eine Studie mit jungen Müttern zeigte, dass sich ihr Schlaf verbesserte, wenn sie täglich **Kamillentee** tranken. Auch **Lavendel-** und **Baldriantee** *(siehe links)* beruhigen und fördern den Schlaf.

»Ätherische Öle wie Römische Kamille oder Lavendel als Badezusatz verbessern den Schlaf.«

WERTE UND ÜBERZEUGUNGEN

Der eigenen Kindheit auf der Spur

Ihre persönliche Geschichte prägt unweigerlich Ihren Umgang mit Ihrem Kind. Machen Sie sich gemeinsam mit Ihrem Partner die Muster bewusst, die Sie als Kinder erlernt haben.

Eine Kindheit, in der Sie oder Ihr Partner sich nicht gesehen, nicht gehört, vernachlässigt oder misshandelt gefühlt haben, kann Sie von bestimmten Emotionen abgekoppelt haben. Als Kind haben Sie sich mit dieser Strategie vielleicht geschützt. Möglicherweise hatte auch einer von Ihnen eine viel glücklichere Kindheit als der andere. Der gegenseitige Erfahrungsaustausch unterstützt Sie beide dabei, auf Probleme aufmerksam zu werden und aktuelle emotionale Auslöser zu identifizieren, die aus ihnen resultieren könnten.

»Erkennen Sie gemeinsam, welche Muster Sie ablehnen oder replizieren möchten, um Ihr eigenes Skript zu entwickeln.«

WERTSCHÄTZENDES ERKUNDEN DER VERGANGENHEIT

Beleuchten Sie mithilfe dieser Übung Dinge aus Ihrer Vergangenheit, die Sie oder Ihr Partner hinter sich lassen oder auch übernehmen möchten.

Der richtige Ort

Richten Sie mit Ihrem Partner/Mitelternteil einen freundlichen Raum für diese Gespräche ein *(siehe auch S. 156)*. Über vergangene Erfahrungen nachzudenken kann anstrengend sein. Vereinbaren Sie, sich gegenseitig mit Respekt und Sensibilität zuzuhören. Treten Differenzen auf, lassen Sie sich von Ihren Werten leiten.

Stärken entdecken

Besprechen Sie die Natur dieser wertschätzenden Nachforschungen. Anstatt Probleme zu identifizieren, die behoben werden müssen, berücksichtigt dieser Ansatz, dass jeder Mensch und jede Familie bestimmte Stärken und Fähigkeiten hat. Hören Sie zu, um welche es sich dabei handelt.

Die richtige Zeit

Planen Sie genügend Zeit ein, um dieser Erkundung gerecht zu werden. Die erste Person, die antwortet, teilt ihre Gefühle ehrlich mit und ohne unterbrochen zu werden. Dann sprechen Sie abwechselnd. Konzentrieren Sie sich zuvor auf Ihren Atem und nehmen Sie alle Gedanken und Gefühle wahr.

Die Übung

Sie (oder Ihr Partner) beginnen damit, über Aspekte Ihrer Erziehung zu sprechen, die Sie gut finden und replizieren möchten, sowie über Dinge, die Sie anders machen möchten. Die andere Person hört aufmerksam zu und entdeckt alle Stärken, Einstellungen, Handlungen, Werte oder Beziehungen, die zu guten Ergebnissen geführt haben. Anschließend benennt sie diese Fähigkeiten. Dann wechseln Sie die Rollen. Beenden Sie die Übung mit einer Umarmung oder halten Sie sich an den Händen.

ATMUNG UND MEDITATION

Emotionelle Erste Hilfe

Das Weinen des Babys kann bei den Eltern sehr starke Reaktionen hervorrufen. Üben Sie, Ihre Gefühle zu regulieren und in schwierigen Momenten achtsam mit sich selbst in Kontakt zu kommen, bevor Sie sich wieder Ihrem Baby zuwenden.

1

Babygeschrei ruft eine starke Reaktion hervor. Diese ist geprägt von kulturellen Vorstellungen und Ihren eigenen Erfahrungen. Vielleicht fürchten Sie, von den Bedürfnissen Ihres Babys überwältigt zu werden.

2

Wenn Sie sich vom Babygeschrei getriggert fühlen, finden Sie möglichst zuerst wieder zu sich selbst. Legen Sie Ihr Baby sicher hin oder geben Sie es jemand anderem und nehmen Sie sich Zeit, Ihre Gefühle zu regulieren.

3

Spritzen Sie sich kaltes Wasser ins Gesicht. Nehmen Sie Ihre Gefühle wahr. Zählen Sie beim Einatmen bis drei und beim Ausatmen bis sechs.

4

Benennen Sie Ihre Gefühle. Zum Beispiel: »Ich fühle mich müde/gestresst/wütend«. Was sagt Ihr innerer Kritiker? Vergleicht er Sie negativ mit anderen oder idealisiert er Sie? Gegen Scham hilft am besten Empathie. Sagen Sie sich: »Es ist in Ordnung, dass ich so fühle – ich bin ein Mensch. Andere Mütter haben auch zu kämpfen.« Wenn Sie sich beruhigt haben, kehren Sie zu Ihrem Baby zurück.

5

Kuscheln Sie mit dem Baby und helfen Sie ihm, seine Gefühle zu verstehen. Sagen Sie leise: »Schreien ist deine Art zu kommunizieren – ich höre dich. Es ist gut, Mama ist hier.«

6

Finden Sie Wege, Ihr Baby zu beruhigen, die auch Sie selbst beruhigen. Das kann sanftes Wiegen sein oder entspannende Musik *(siehe S. 124)*.

Heilendes Licht

Wir entwickeln unterschiedliche Beziehungen zu unseren Gefühlen, je nachdem, was uns in unserer Kultur vorgelebt wird. Unsere Gefühle wie Angst oder Wut nach außen zu bringen fördert Verständnis und Akzeptanz.

1

Setzen Sie sich bequem hin und lassen Sie Geist und Körper zur Ruhe kommen. Spüren Sie den Strom Ihres Atems.

2

Erinnern Sie sich an eine schwierige, aber nicht traumatische Situation, in der Sie Gefühle wie Wut, Angst, Scham oder Traurigkeit spürten – etwa, dass Sie wütend wurden, weil das Baby Sie weckte, und Sie sich dann schämten, dass Sie ärgerlich reagierten.

3

Versetzen Sie sich in diese Situation zurück. Erinnern Sie sich an alle Worte, die Sie äußerten, und Gefühle und Gedanken, die Sie hatten. Beobachten Sie nun mit wohlwollender Neugier, wo in Ihrem Körper Sie die problematische Emotion am intensivsten spüren.

4

Stellen Sie sich die Empfindungen, die Sie im Körper spüren, als Form vor. Ist die Form groß oder klein? Abstrakt oder konkret? Rau oder glatt?

5

Stellen Sie sich beim Einatmen vor, wie sich Ihre Brust ausdehnt, um Platz für die Form zu schaffen. Nun visualisieren Sie, wie Sie ein heilendes goldenes Licht einatmen. Was passiert mit der Form, wenn das heilende Licht sich in Ihnen ausbreitet? Beobachten Sie, ohne zu bewerten.

6

Einer schmerzhaften Emotion Form zu geben und Platz für sie zu schaffen bedeutet nicht, sie zu mögen. Lassen Sie sie einfach nur da sein, unter Ihrer fürsorglichen Präsenz. Wenn Sie dazu bereit sind, kommen Sie langsam in den Raum zurück.

RAIN-Meditation

Das Baby schläft endlich, doch Sie sind schlaflos vor Sorgen über die Zukunft und existenziellen Ängsten. Die RAIN-Methode ermöglicht Ihnen, Ihre Sorgen zu erkennen und sich ihrer anzunehmen.

»Akzeptieren Sie schmerzhafte Gefühle. Sie machen uns menschlich.«

1

Erkennen

Durch einfaches Benennen der Angst nehmen Sie eine Beobachterposition ein. Fragen Sie sich: »Was fühle ich gerade?« Benennen Sie das Gefühl, um es zu kontrollieren, wie zum Beispiel: »Ich habe Angst.«

Ihre Emotionen wahrzunehmen und zu benennen ist der erste Schritt zur Beruhigung Ihres Bedrohungssystems.

2

Zulassen

Viele Mütter schämen sich, weil sie negative Gefühle und Gedanken haben. Achtsamkeit und Mitgefühl für solche Emotionen helfen, diese Scham abzubauen.

Erkennen Sie Ihre Gefühle an. Sagen Sie sich: »Das ist in Ordnung. Anderen Müttern geht es genauso.«

3

Erkunden

Richten Sie nun Ihre Aufmerksamkeit auf Ihren Körper. Fragen Sie sich: »Wovor habe ich Angst?« Vielleicht sind es Versagensängste, Gefühle von Wertlosigkeit oder Ohnmacht. Oder Sie machen sich Sorgen um die Sicherheit Ihres Babys.

Wo spüren Sie diese Angst in Ihrem Körper? Achten Sie auf verspannte oder schmerzende Stellen.

4

Nähren

Nachdem Sie Ihre Angst erkundet haben, fragen Sie sich: »Was braucht mein verletzter Teil am meisten?« Lassen Sie Ihr mitfühlendes Selbst weise und freundlich zu sich sprechen. Danken Sie Ihrer Psyche, dass sie versucht, Sie zu schützen.

Beobachten Sie, wie schmerzhafte Gedanken und Gefühle schwinden.

YOGA

Übungen und Haltungen

Körperliche Aktivität hilft bei der Regeneration nach der Geburt. Mit diesen sanften Übungen richten Sie den Blick nach innen. Durch bewusstes Atmen und die Verbindung zu Ihrem Körper tanken Sie neue Energie.

Bewegung und bewusstes Atmen trainieren die Muskeln, fördern die Beweglichkeit und beugen Steifheit vor. Umkehrstellungen wie die Kindhaltung und Beine gegen die Wand aktivieren das Beruhigungssystem. Diese Haltungen sind wohltuend für das Herz und die Durchblutung und bringen Ihren Energiehaushalt ins Gleichgewicht. Gegen Ängste, die Schlafprobleme verursachen, hilft die Haltung Beine gegen die Wand. Praktizieren Sie diese Umkehrstellungen täglich, um Ihren Geist zu entspannen und den Beckenboden zu entlasten.

»Hören Sie auf Ihren Körper. Nutzen Sie Hilfsmittel und bewegen Sie sich in einem Tempo, das Ihnen angenehm ist.«

20-MINUTEN-SEQUENZ

Beurteilen Sie Ihre Yogapraxis nicht. Es gibt keinen Maßstab dafür, was Ihr Körper können sollte. Seien Sie geduldig mit sich und lassen Sie sich bei diesen achtsamen, bewussten Bewegungen von Ihrem Körper leiten.

01

BECKENBODENÜBUNGEN

Legen Sie sich auf den Rücken, die Füße stehen flach auf dem Boden und die Knie sind aufgestellt. Die Arme liegen entspannt neben dem Körper. Achten Sie auf Ihren Atem. Spannen Sie beim Ausatmen sanft die Beckenbodenmuskeln (vordere und hintere) an, ziehen Sie sie zusammen und nach oben Richtung Herz. Beim Einatmen locker lassen. 10–20 Mal wiederholen.

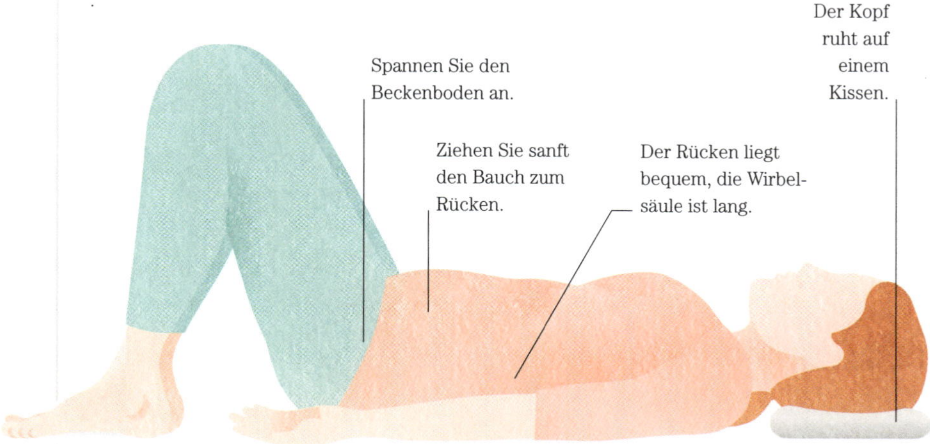

02

BEINDEHNUNG

Legen Sie sich auf den Rücken, die Füße stehen flach auf dem Boden und die Knie sind aufgestellt. Ziehen Sie ein Knie an die Brust, legen Sie einen Gurt um den Fuß und strecken Sie das Bein. Halten Sie den Gurt locker als sanfte Unterstützung. Verlängern Sie beim Ausatmen die Beinrückseite so weit, wie es angenehm ist. Der Rücken bleibt flach am Boden, Schultern und Kinn sind entspannt, der Nacken ist lang. 5–10 Atemzüge lang halten. Mit dem anderen Bein wiederholen.

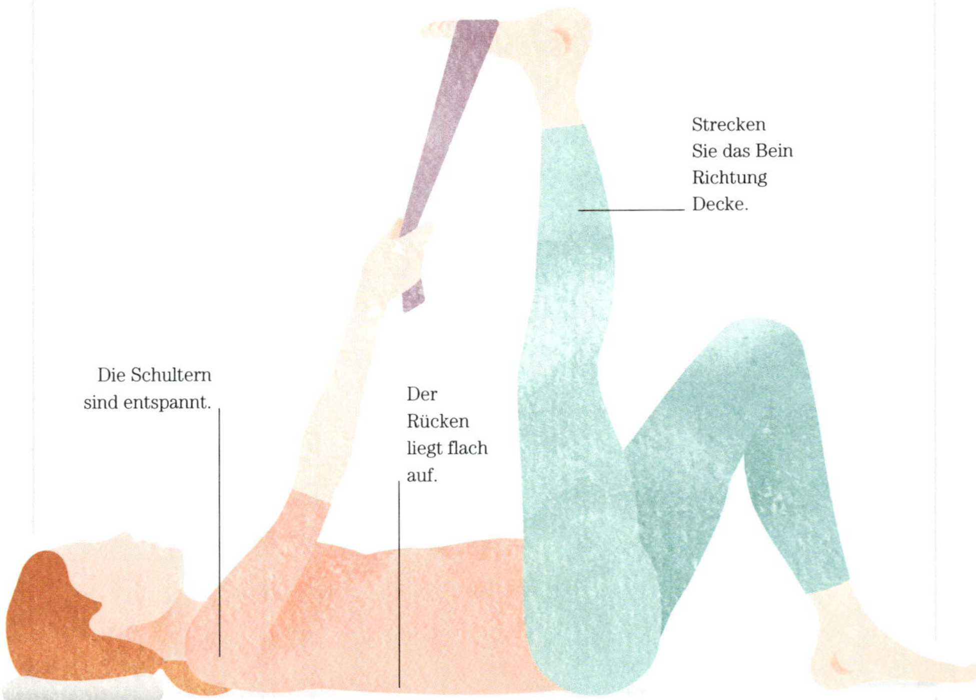

03

LIEGENDE DREHUNG

Ziehen Sie im Liegen die Beine an die Brust. Schaukeln Sie sanft von einer Seite zur anderen und genießen Sie die Rückenmassage. Legen Sie die angewinkelten Beine rechts vom Körper ab. Atmen Sie regelmäßig und lassen Sie den Oberkörper entspannt in den Boden sinken. Strecken Sie die Arme langsam zu den Seiten und drehen Sie den Kopf nach links. Sie können auch die Arme entspannt neben den Kopf legen, falls das bequemer ist. 5–10 Atemzüge lang halten, dann in die Rückenlage mit angezogenen Beinen zurückkehren und auf der anderen Seite wiederholen.

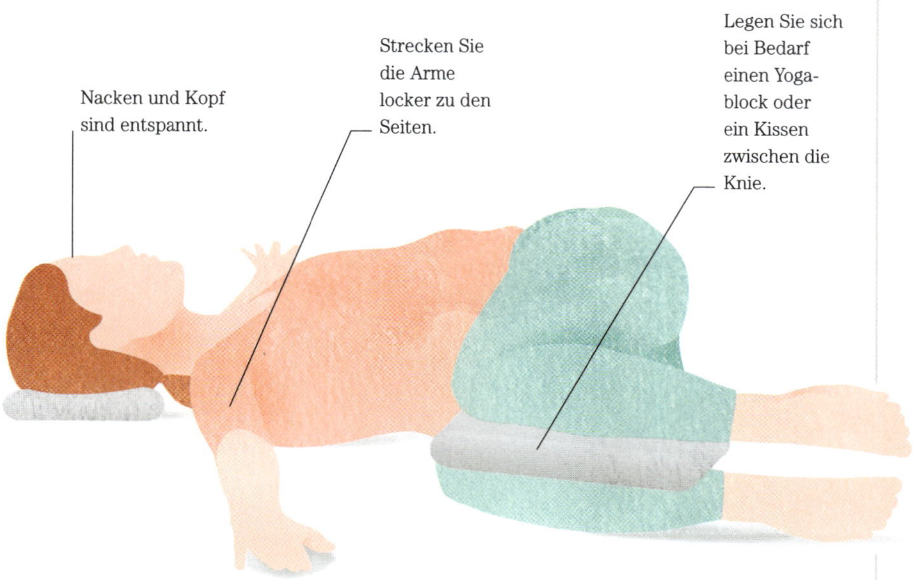

04

KINDHALTUNG

Kommen Sie vorsichtig in eine kniende Position und polstern Sie bei Bedarf Ihre Knie ab. Beugen Sie den Körper sanft über die Oberschenkel nach vorn und legen Sie den Kopf auf einem Block ab. Legen Sie die Arme neben dem Körper ab oder strecken Sie sie mit leicht gebeugten Ellbogen nach vorn. Atmen Sie gemächlich ein und aus. Spüren Sie, wie der Atem Ihren Rücken weitet und wieder senkt. Ziehen Sie beim Ausatmen das Steißbein nach hinten und die Schulterblätter auseinander. 2–3 Minuten oder länger halten.

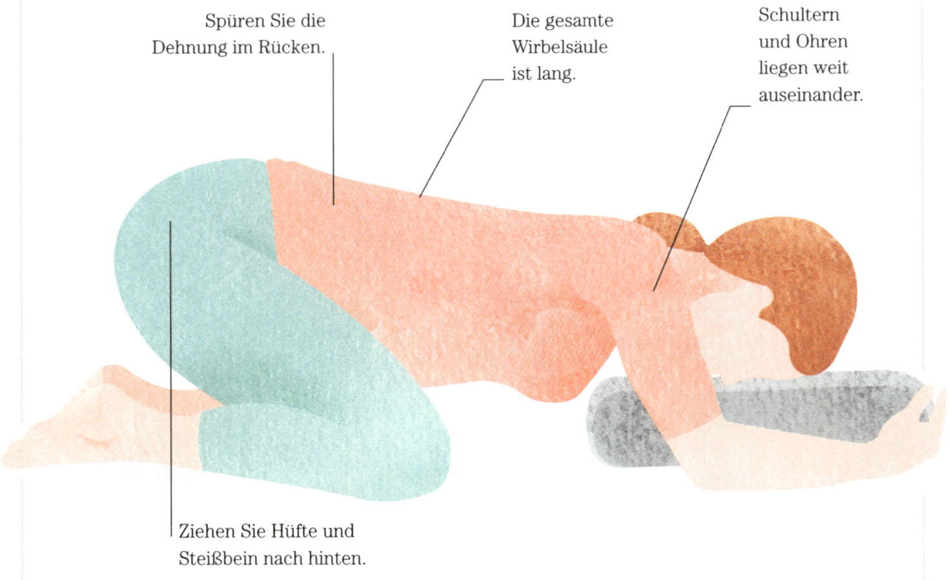

05

HERABSCHAUENDER HUND

Kommen Sie aus der Haltung des Kindes in den Vierfüßlerstand. Spreizen Sie die Hände und lockern Sie den Nacken. Stellen Sie beim Ausatmen die Zehen auf und heben Sie sanft die Hüften, sodass Ihr Körper in eine umgekehrte V-Stellung kommt. Stellen Sie sich auf die Zehen, die Knie bleiben leicht gebeugt. Atmen Sie entspannt und finden Sie so Länge im Oberkörper. Beugen Sie dann die Knie und kehren Sie in die Kindhaltung zurück. Rollen Sie sich dann sanft nach oben und drücken Sie sich mithilfe der Arme in die Berghaltung.

OBERKÖRPER LOCKERN

Diese Übung ist perfekt, um Verspannungen zu lösen, insbesondere in den Schultern und im Nacken.

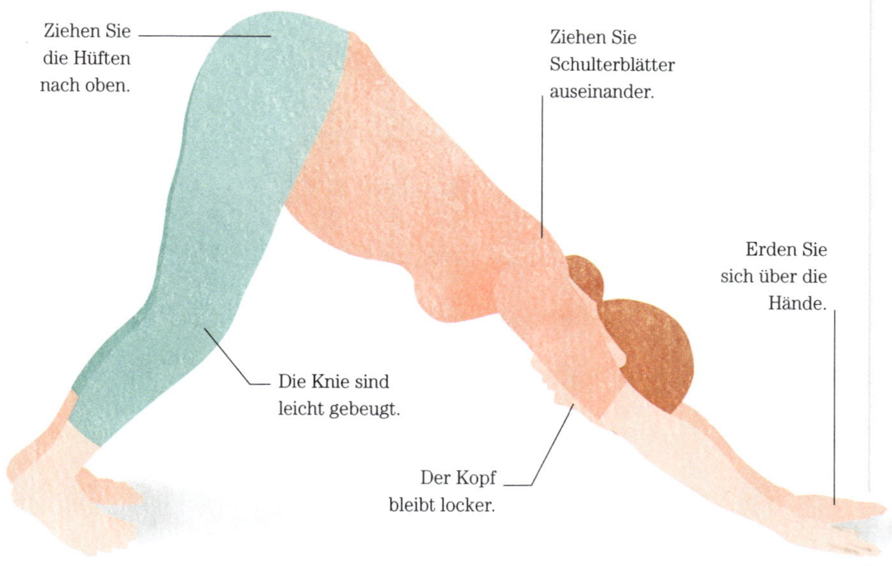

06

STEHENDE VORWÄRTSBEUGE

Beugen Sie in der Berghaltung sanft die Knie und bringen Sie den Oberkörper aus der Hüfte langsam nach vorn. Die Füße sind im Boden verankert, die Knie bleiben leicht gebeugt, sofern Ihnen das angenehmer ist. Der Oberkörper hängt vorn hinab, die Arme baumeln in der Luft oder berühren den Boden. Atmen Sie natürlich und beugen Sie die Knie so, dass die Haltung Ihnen angenehm ist. Das Gewicht des Kopfes folgt der Schwerkraft. 5–10 Atemzüge lang halten, dann in die Berghaltung zurückkehren.

07

BEINE GEGEN DIE WAND

Setzen Sie sich mit dem Rücken an eine Wand. Drehen Sie sich dann auf dem Gesäß herum, legen Sie den Rücken auf dem Boden ab und bringen Sie die Beine senkrecht an die Wand. Das Gesäß bleibt an der Wand, der Kopf ruht auf einem Kissen. Der untere Rücken bleibt auf dem Boden, auch wenn Sie dafür leicht von der Wand abrücken müssen. Strecken Sie die Beine. Richten Sie Ihre Aufmerksamkeit auf Ihren Atem und sagen Sie zu sich: »Ich erlaube meinem Körper, ruhig zu werden. Allein dieser Moment zählt … und der nächste.« Bis zu 10 Minuten halten.

BESSER SCHLAFEN

Diese Übung ist hilfreich bei Stress und Schlafproblemen.

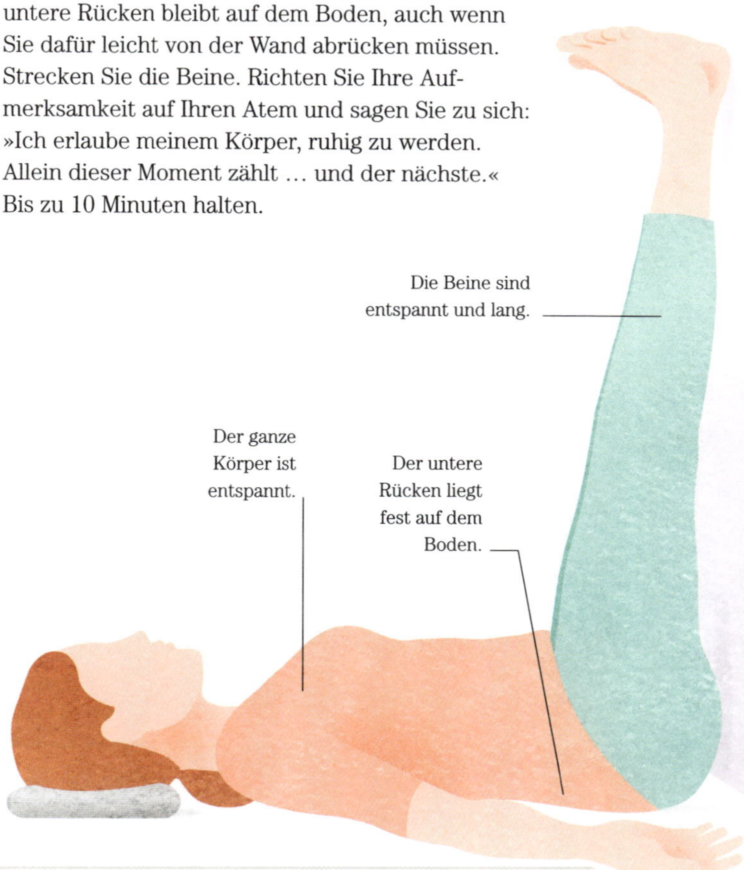

DAS ALTE UND DAS NEUE ICH VEREINEN

Nach sechs bis zwölf Monaten haben Sie und Ihr Baby einen gemeinsamen Rhythmus gefunden. Nun können andere Veränderungen anstehen, etwa die Rückkehr in den Beruf. Das Überdenken von Werten, mitfühlende Visualisierungen und Selbstfürsorge helfen Ihnen, Trennung und Veränderungen zu bewältigen.

EINFÜHRUNG

Das alte und das neue Ich miteinander verbinden

Nach den ersten sechs Monaten mit dem Baby sind Sie als Mutter wahrscheinlich selbstbewusster geworden. Genießen Sie es, Ihr Baby dabei zu beobachten, wie es voller Staunen seine Welt erkundet.

In dieser Phase werden Sie vermutlich Ihr Selbstgefühl wiedererlangen, doch geschieht dies nicht innerhalb einer bestimmten Zeit. Selbstbewusster und stabiler zu werden ist ein dynamischer Prozess. Da sich nun kleine Zeitfenster öffnen und Sie allmählich einen Rhythmus finden, können Sie darüber nachdenken, wie die zurückliegende, einschneidende Phase Ihres Lebens Ihre Identität verändert hat. Die Neugeborenenphase erforderte Ihre ganze Zeit und Energie, und manche Aspekte Ihres Wesens aus der Zeit vor dem Baby lagen erst einmal auf Eis. Jetzt, da Ihr Baby etwas unabhängiger wird, möchten Sie vielleicht Ihr altes und Ihr neues Ich vereinen. Die Rückkehr an

»Das Erlernen der Signale und Muster Ihres Babys macht den Alltag wahrscheinlich leichter.«

den Arbeitsplatz und/oder die Organisation einer Kinderbetreuung – wann auch immer dies der Fall sein wird – kann das erschweren. Das ist ganz normal und braucht Zeit.

Rückbesinnung auf die Werte

Hilfreich ist dabei, sich auf seine Werte rückzubesinnen *(siehe S. 40 und S. 136)*. Vielleicht möchten Sie bestimmte Bereiche intensivieren, die Ihnen ermöglichen mehr oder weniger im Einklang mit Ihren Werten zu leben, wie Beziehungen, Arbeit, Gesundheit und Freizeit. Wenn Ihnen Aspekte Ihres alten Ichs sehr fern scheinen, überlegen Sie sich realistische Wege, auf gute Weise wieder mit ihnen zu verbinden. Wenn Sie zum Beispiel kreativ sind, könnten Sie 15 Minuten am Tag schreiben. Wenn Gesundheit Ihnen wichtig ist, treiben Sie regelmäßig Sport, der Ihnen Spaß macht.

Umgang mit Trennung

Ob Sie wieder arbeiten gehen oder nicht, möglicherweise stellen Sie fest, dass Sie die hohen Erwartungen, die Sie an sich selbst hatten, bevor Sie ein Baby bekamen, nicht mehr erfüllen möchten. Eine neue Priorität kann einen Perspektivwechsel mit sich

bringen und Ihnen die Chance bieten, sich von alten »Alles-oder-Nichts«-Glaubenssätzen zu trennen, die auf Perfektionismus zielten. Haben Sie den Mut, sowohl als Kollegin ebenso wie als Mutter »gut genug« zu sein.

Anfangs kann Ihnen die Trennung vom Baby schwerfallen. Wenn Sie eine Kinderbetreuung finden, mit der Sie sich wohlfühlen, und gut verlaufende Abschiede visualisieren, wird dieser Übergang leichter *(siehe S. 200)*. Vielleicht sind Sie überglücklich, wieder Zeit für sich zu haben oder zur Arbeit zu gehen. Möglicherweise haben Sie aber auch Angst vor der Rückkehr in den Beruf. Vermutlich gehören zu Ihren vielen widersprüchlichen Emotionen auch Schuldgefühle. Erinnern Sie sich an den Rucksack voller Schuld und Scham, den jede frischgebackene Mutter nach der Geburt mitbekommt *(siehe S. 62)*. Die achtsame Verbindung mit Ihren Schuldgefühlen eröffnet Ihnen die Möglichkeit, den Rucksack zu leeren. Wie weit wird Ihr Schuldgefühl durch überzogene Erwartungen an die Supermama und Ihren harschen inneren Kritiker befeuert? Versuchen Sie, diese übertriebenen Erwartungen Ihren Werten anzupassen und ignorieren Sie harsche Kritik. So wird Ihre Last leichter.

EINE MUTTER ERZÄHLT

Die Rückkehr in den Beruf bot mir die Chance, etwas von dem Gleichgewicht wiederzuerlangen, das ich gewöhnt war – eine Karriere und eine Identität, die ich mir in meinen Zwanzigern erkämpft hatte. Ich weiß, dass ich gut in meinem Job bin. Ich war mir aber nicht sicher, ob ich auch eine gute Mutter war. Mir half, Eva in guten Händen zu wissen, wenn ich nicht da war. Ich hatte eine gute Kita und Hilfe von meiner Mutter und ihrem Vater. Es braucht wirklich ein Dorf, um ein Kind großzuziehen. Nur so konnte ich mich ganz dem Beruf widmen. In der Nacht vor meinem ersten Arbeitstag war ich aufgeregt wie vor dem ersten Schultag. Dass Eva in dieser Nacht zum ersten Mal durchschlief, sah ich als gutes Omen.

Dami, Mutter von Eva

»Achten Sie darauf, wofür Sie Ihre Energie aufwenden. Hüten Sie sie wie ein kostbares Juwel.«

Psychische Belastung
Unabhängig davon, ob Sie arbeiten oder nicht, ist es wichtig, dass Sie sich der großen Bedeutung Ihrer Mutterrolle bewusst werden. Unter anderem leisten Sie einen Beitrag zur Erziehung einer neuen Generation. Indem Sie achtsames Mitgefühl vorleben, lernt Ihr Kind emotionale Kompetenz, Empathie und Freundlichkeit und kann sich so im Leben besser entwickeln. Leider werden die Verantwortung und die Macht von Müttern von der Gesellschaft oft unterschätzt. Studien zeigen, dass in heterosexuellen Beziehungen überwiegend die Frau allein für Haus und Heim zuständig ist. Gemeint sind anstrengende, aber oft übersehene Aufgaben, vom Lebensmitteleinkauf bis zur Kinderbetreuung. Eine Studie ergab, dass weniger als sieben Prozent der Paare diese Aufgaben aufteilen, was für die Frauen eine enorme psychische Belastung darstellt. Um diese Belastung sichtbar zu machen, sollten Sie sich nicht scheuen, Ihre Probleme offen anzusprechen *(siehe S. 198)*.

Selbstfürsorge
Da Ihr Job als Mutter wenig Anerkennung findet, aber Perfektion erwartet wird, ist es essenziell, dass Sie lernen, sich um sich selbst zu kümmern. Dies bedeutet, dass Sie sich jeden Moment Ihrer psychischen Kapazität bewusst sind und innehalten, wenn Sie merken, dass Sie an Ihre Grenzen kommen.

Beanspruchen Sie Zeit für sich. Planen Sie kleine Akte der Selbstfürsorge ein, wie zehn Minuten meditieren, Musik hören oder in der Natur sein. Lernen Sie Grenzen zu ziehen und »Nein« zu sagen. Wenn Sie sich Prioritäten setzen, haben Sie mehr Freiraum und können die Mutter und die Frau sein, die *Sie* sein möchten.

Mitfühlend Tagebuch schreiben

Oft reden wir uns ein, eine »schlechte« Mutter zu sein. Mitfühlend Tagebuch zu schreiben ist ein Weg, Wut und Schuldgefühle, die aus Ereignissen in der Vergangenheit resultieren, zu erkennen, loszulassen und langfristig zu akzeptieren.

1

Konzentrieren Sie sich auf Ihren Atem. Der Zugang zu Ihrem Beruhigungssystem wird Ihnen ermöglichen, auf freundlichere Weise zu reflektieren.

2

Betrachten Sie einen Moment oder einen Aspekt von sich, für den Sie sich schämen. Beobachten Sie alle Gedanken und Gefühle dazu, ohne zu urteilen.

3

Stellen Sie sich als Nächstes Ihr mitfühlendes, verständnisvolles Selbst vor und wie es Sie durch weise Worte und Freundlichkeit beruhigt.

4

Schreiben Sie als diese mitfühlende Person einen Brief an sich selbst. Wie würde sie Sie ermutigen, Ihre schmerzhaften Gefühle zuzulassen? Wie könnte sie Ihnen zeigen, dass alle Eltern Fehler machen?

5

Denken Sie beim Schreiben über die Scham- und Schuldgefühle, die in der schmerzhaften Situation entstehen, nach. Scham ist das Gefühl, selbst »schlecht« zu sein. Schuld ist das Gefühl, anderen zu schaden.

6

Schuldgefühle sind belastend, aber sie können auch konstruktiv sein und Sie dazu bringen, ein Problem zu erkennen, das sich lösen lässt. Schreiben Sie auf, was Sie beim nächsten Mal anders machen könnten. Vielleicht pausieren und Ihre Gefühle regulieren, wenn Sie Stress haben?

7

Notieren Sie diesen lösenden Satz: »In diesem Moment vergebe ich mir. Morgen fange ich neu an.«

ERNÄHRUNG

Achtsam kochen

Planen, kaufen und kochen Sie Ihre Mahlzeiten mit Bedacht. Eine kluge Auswahl der Grundnahrungsmittel für die Vorratskammer und Vorkochen erleichtern die Essensplanung – so sparen Sie Zeit und Energie.

Kochen macht keinen Spaß, wenn man erschöpft ist. Decken Sie sich mit nahrhaften Grundnahrungsmitteln ein, die Sie zu schnellen, einfachen Mahlzeiten kombinieren können. Dazu gehören **Dicke Bohnen** als Ballaststoffquelle; **Thunfisch** im eigenen Saft für gesunde Salate und **Tomaten in Dosen** als leckere Basis für Pasta und Curry. Kräuter und Gewürze wie **Basilikum, Minze** und **Rosmarin** *(siehe links)* sowie **Kreuzkümmel** und **Zimt** verleihen dem Essen Geschmack. Zur Not liefern auch frische Fertiggerichte aus dem Kühlregal mit **Bohnen, Hühnchen** oder **Linsen** ein schnelles, nahrhaftes Mittagessen.

Stellen Sie eine Schale mit Früchten wie **Bananen, Äpfel, Kiwis** und **Satsumas** auf den Tisch. Studien zufolge erhöht sich die Bereitschaft Obst zu essen, wenn es leicht zugänglich ist. Beginnen Sie Ihren Tag mit einem Smoothie: Mixen Sie **Blaubeeren, Mango, gemahlene Leinsamen** und **Avocado** mit Wasser. Für ein sättigenderes Frühstück geben Sie **Banane, Nussmus, Mandelmilch** und **Haferflocken** in den Mixer – ein wahrer Hochgenuss!

Ein positives Körperbild

Viele Mütter sind nach der Geburt mit ihrem Körper unzufrieden. Machen Sie sich mit der Körperscan-Übung ein positives Bild von Ihrem Körper, indem Sie ihm Respekt und Mitgefühl entgegenbringen und seine Bemühungen und Leistungen würdigen.

1

Legen Sie sich hin, die Beine nebeneinander. Atmen Sie entspannt ein und aus. Seien Sie einfach bei Ihrem Körper, ohne ihn zu beurteilen.

2

Schenken Sie Ihren Beinen und Füßen freundliche Aufmerksamkeit. Lassen Sie mit jedem Ausatmen noch mehr Anspannung los.

3

Konzentrieren Sie sich auf Becken und Bauch und schätzen Sie deren wunderbare Arbeit. Atmen Sie Dankbarkeit ein und Anspannung aus.

4

Nehmen Sie selbstkritische Gedanken wahr und lassen Sie sie von Freundlichkeit fortspülen.

5

Lenken Sie Ihre Aufmerksamkeit auf Ihre Brust. Spüren Sie Ihren Herzschlag. Achten Sie auf die Empfindungen in Ihren Brüsten. Atmen Sie Mitgefühl für diesen Bereich ein und Anspannung aus.

6

Richten Sie den Fokus auf Rücken, Schultern und Nacken. Fühlen Sie sie von innen heraus. Laden Sie liebevolle Fürsorge in Ihre Arme und Hände ein, die Ihnen wohltuende Berührung und Kraft schenken. Atmen Sie Dankbarkeit ein … und Anspannung aus.

7

Zum Schluss würdigen Sie Ihren ganzen Körper. Sagen Sie: »Ich ehre und akzeptiere meinen Körper so, wie er ist.«

Intimität ohne Verkehr

Durch den Mangel an Schlaf, Zeit und Gelegenheiten kann die Intimität nach der Geburt zu kurz kommen. Suchen Sie Wege, um auch ohne Geschlechtsverkehr Nähe zum Partner herzustellen.

Es ist kein Geheimnis, dass Eltern weniger Sex haben. Die Mehrheit der jungen Eltern ist besorgt wegen ihrer veränderten Paarbeziehung, wann nach der Geburt Sex wieder möglich ist und ob der Geschlechtsverkehr schmerzhaft sein wird. Mütter fürchten oft, dass sich ihr veränderter Körper negativ auf den Sex auswirkt. Die meisten Paare brauchen Zeit, sich sexuell wieder anzunähern. Überforderung oder die Angst vor Schmerzen aktiviert unser Bedrohungssystem und blockiert das Verlangen. Sie müssen sich entspannt und sicher genug fühlen, um körperlich intim zu werden. Schaffen Sie achtsame Momente der Verbundenheit – auch wenn sie nur kurz sind –, um einander wieder nahe zu kommen.

»Rituale der Verbundenheit helfen, sich aufeinander einzustimmen.«

MITFÜHLENDE VERBUNDENHEIT SCHAFFEN

Es kann ein kurzer Augenkontakt oder ein gemeinsames Essen sein – Angebote der Verbundenheit helfen den Partnern, sich gesehen, wertgeschätzt und geliebt zu fühlen.

Rituale der Verbundenheit

Der Paartherapeut John Gottman empfiehlt, sich täglich sechs Sekunden lang zu küssen (lang genug, um sich den Kuss bewusst zu machen!). Spüren Sie den Mund Ihres Partners auf Ihrem und die kurze Berührung der Nasen. Küssen setzt Oxytocin und Dopamin frei und reduziert Cortisol. Nach einem Kuss fühlt man sich unwillkürlich liebevoller.

Bewusste Freundlichkeit

Zeigen Sie Ihre Zuneigung durch kleine, freundliche Gesten – wie gemeinsam zu frühstücken, Händchen halten beim Spaziergang mit dem Baby oder regelmäßige Date-Nights. Spielen Sie Karten, sehen Sie sich zusammen einen Film an oder tanzen Sie miteinander zu Ihrer Lieblingsmusik. Setzen Sie sich nicht unter Druck und stellen Sie keine hohen Ansprüche.

Beziehungsfehler vermeiden

Versuchen Sie nicht, die Gedanken des anderen zu lesen, und erwarten Sie nicht, dass Ihr Partner Ihre Wünsche und Bedürfnisse errät. Respektieren Sie die Grenzen des anderen. Wenn Differenzen auftreten, beruhigen Sie sich zunächst selbst *(siehe S. 170)* – und lösen Sie dann gemeinsam das Problem.

Kommunikation ist der Schlüssel

Bemühen Sie sich einmal pro Woche mit Ihrem Partner um achtsames Reden und Zuhören *(siehe S. 156)*. Schaffen Sie Raum, um Ihre Gedanken und Gefühle darüber auszutauschen, wie die Elternschaft Verlangen und Intimität beeinflusst hat. Wenn Sie sich bereit fühlen, besprechen Sie, wie Sie sich Zeit für Intimität nehmen können.

Entspannende Aromatherapie-Massage

Nachdem Sie Ihr Baby den ganzen Tag gehalten haben, sehnen Sie sich vielleicht nach Körperkontakt, der nichts mit dem Baby zu tun hat. Üben Sie achtsame Selbstfürsorge durch eine wohltuende Aromatherapie-Massage.

Berührung wirkt nicht nur auf das Baby beruhigend, sondern auch auf die Eltern. Schlagen Sie daher Ihrem Partner eine erholsame Massage mit entspannenden Ölen wie **Lavendel** *(siehe rechts)* oder einem belebenden ätherischen Zitrusöl vor. Ätherische Öle sollten vor der Anwendung auf der Haut immer verdünnt werden. Geben Sie eine dreiprozentige Verdünnung des ätherischen Öls auf ein Trägeröl wie **Sesamöl, Süßmandelöl** oder **Jojobaöl.** Dies entspricht drei Tropfen ätherischem Öl pro Teelöffel Trägeröl.

»Eine Mischung aus Ylang-Ylang, Lavendel und Bergamotte entspannt intensiv.«

WERTE UND ÜBERZEUGUNGEN

Die Last der Elternschaft teilen

Der Supermama-Mythos lässt uns glauben, dass wir alles jonglieren müssen – Karriere, Baby, Haushalt und die gewaltige psychische Belastung. Der Preis dafür sind Erschöpfung und Burn-out. Widersetzen Sie sich dem Mythos und teilen Sie Ihre Last mit Ihrem Partner.

In Interviews mit heterosexuellen und gleichgeschlechtlichen Paaren hörte die Autorin Eve Rodsky immer wieder, dass die Zeit der Männer als wertvoller gilt als die der Frauen. Außerdem übernehmen die Frauen den Großteil der Kinderbetreuung. Der geforderte Spagat zwischen Beruf und Haushalt veranlasst viele Frauen, sich aus dem Erwerbsleben zurückzuziehen.
Als ersten Schritt müssen Sie und Ihr Partner anerkennen, dass Ihre Zeit den gleichen Wert hat und Sie beide Zeit und mentale Energie benötigen, um sich zu entfalten. Danach können Sie daran arbeiten, die psychische und physische Belastung der Elternschaft ins Gleichgewicht zu bringen.

»Sehen Sie für sich beide im Familienplan den gleichen Zeitaufwand vor.«

SO TEILEN SIE DIE LAST

Sammeln Sie alle zu erledigenden Aufgaben. Erstellen Sie gemeinsam ein System – klären Sie, wer für welche Aufgabe und die damit verbundenen Schritte zuständig ist.

Zeit nehmen

Es ist nie genug Zeit. Unzählige Dinge konkurrieren um die Aufmerksamkeit junger Eltern, vor allem natürlich das Baby. Dazwischen kümmern Sie sich um all die unsichtbaren Aufgaben, damit Ihr Zuhause reibungslos funktioniert. Nehmen Sie sich Zeit, Ihre Arbeitsbelastung im Haushalt zu besprechen.

Die mentale Last kalkulieren

Die kognitive Arbeit, die Planung der Tätigkeiten, reicht von der Zubereitung der Mahlzeiten und dem Wäschewaschen bis zur Organisation der Kinderbetreuung. Diese verdeckten Aufgaben werden oft übersehen – selbst von den Eltern, die sie ausführen. Benennen Sie zusammen alle Planungs- und Denkarbeit, die ansteht.

Ein System festlegen

Überlegen Sie sich vorher, welches Ziel Ihre gemeinsamen Gespräche haben sollen. Fragen Sie sich: »Was brauche ich – mehr Unterstützung? Mehr Zeit für mich? Das Gefühl, ein Team zu sein?« Als Nächstes erarbeiten Sie gemeinsam ein System, um Ihre Produktivität zu maximieren und die Hausarbeit gerecht zu verteilen.

Die Aufgaben verteilen

Erstellen Sie eine Liste aller zu erledigenden Aufgaben und spezifizieren Sie, was damit verbunden ist (Bedarf erkennen, Optionen identifizieren, Entscheidungen treffen und den Fortgang überwachen). Wenn also ein Partner den wöchentlichen Einkauf erledigt, übernimmt er die Verantwortung für alle damit verbundenen Teilaufgaben, etwa die Prüfung und das Auffüllen der Vorräte.

Trennung bewältigen

Ihr Baby in fremde Betreuung zu geben und sich von ihm zu verabschieden zerreißt Ihnen anfangs vielleicht das Herz. Dies als positiven Prozess zu sehen und zu visualisieren, lindert den Trennungsschmerz.

1

Betrachten Sie die Trennung als normalen Entwicklungsprozess. Als Mutter ermutigen Sie das Baby durch einfühlsame Fürsorge, die Welt zu erkunden. Es lernt, dass es von Ihnen getrennt ist und Sie immer wieder zurückkommen, wenn Sie gehen. Mit Unterstützung wird sich Ihr Baby sicher genug fühlen, um auch einem anderen fürsorglichen Erwachsenen zu vertrauen.

2

Visualisieren Sie, wie Sie Ihr Baby während der Eingewöhnungsphase in die Kita oder Kinderbetreuung bringen und zunächst bei ihm bleiben.

3

Stellen Sie sich den ersten ganzen Tag in der Kinderbetreuung vor. Wenn Sie gehen, ist Ihr Abschied kurz und fröhlich. Ihr Baby wird Ihr Selbstvertrauen spüren und das lindert seine Angst. Visualisieren Sie, wie Sie sich danach fühlen könnten. Es ist eine traurige Situation für sie beide. Also weinen Sie ruhig, wenn Sie möchten (aber niemals vor dem Baby!).

4

Stellen Sie sich das glückliche Wiedersehen mit Ihrem Baby vor. Denken Sie über die Vorteile dieser Veränderung für Sie und Ihr Baby nach – Sie können andere Aspekte Ihres Selbst wiederfinden, die für Ihr Selbstwertgefühl wichtig sind.

5

Üben Sie Trennungen. Wann immer Sie Ihr Baby verlassen, wenn auch nur kurz, verabschieden Sie sich und erinnern es daran, dass Sie zurückkommen.

ATMUNG UND MEDITATION

Umgang mit Gefühlsausbrüchen

Mit einem Jahr beginnt Ihr Kind, die Welt zu erkunden. Sein Streben nach Unabhängigkeit kann jedoch mit starken Gefühlsausbrüchen einhergehen.

1

Denken Sie daran, wie weit Ihr Baby schon gekommen ist. Es ist jetzt ein aktiver Entdecker auf der Suche nach Abenteuern. Aber wie reagieren Sie, wenn es sich in ein schreiendes Bündel von Gefühlen verwandelt?

2

Zu erleben, wie sich Ihr Kind aufregt, kann bei Ihnen starke Emotionen und Ängste vor externer Kritik auslösen, wie zum Beispiel: »Was müssen andere Eltern denken?« oder »Ich kann damit nicht umgehen.«

3

Nutzen Sie Ihren Atem, um sich zu beruhigen und Ängste loszulassen. Zählen Sie beim Einatmen bis drei und beim Ausatmen bis sechs.

4

Stellen Sie sich vor, dass Sie fest und sicher stehen wie eine Eiche. Andere Eltern verurteilen Sie nicht, sie denken: »Du Ärmste. Ich habe dasselbe durchgemacht!«

5

Konzentrieren Sie sich nun auf Ihr Kind. Erkennen, benennen und bestätigen Sie seine großen Gefühle. Begeben Sie sich auf seine Augenhöhe und beruhigen Sie es.

6

Denken Sie daran, dass Sie manchmal nur den Ausbruch Ihres Kindes und Ihr Unbehagen aussitzen müssen.

7

Üben Sie Nachsicht mit sich. Regenerieren Sie sich mit Meditation, Musik oder einem Gespräch mit einer Freundin. Es ist nicht einfach, aber Sie geben Ihrem Kind das Rüstzeug, seine Gefühle zu verstehen. Und Sie lernen so viel über Ihre eigenen Emotionen. Seien Sie stolz darauf!

YOGA

Haltungen praktizieren

Yoga verbindet Atem, Körper, und Geist. Egal, ob Sie sich 10 oder 30 Minuten Zeit für sanftes Dehnen und das Beruhigen Ihrer Gedanken nehmen: Folgen Sie Ihrem Atem, um loszulassen und neue Energie zu tanken.

Muttersein kann von dem Gefühl begleitet sein, zu wenig körperlichen und mentalen Raum zu haben. Vielleicht fühlt sich Ihre To-do-Liste endlos an. Yoga ruft Ihnen in Erinnerung, sich auf den Weg anstatt auf das Ziel zu besinnen. Der Atem kommt und geht und lenkt Ihre Aufmerksamkeit auf Ihren Körper. Nehmen Sie sich eine Auszeit, um in sich hineinzuhören. Welche Gefühle und Empfindungen werden Ihnen bewusst? Werden Sie zum Beobachter und nehmen Sie einfach nur wahr.

»Nehmen Sie sich Zeit für sich und denken Sie an das Mantra: Ich bin mir diese freie Zeit wert.«

30-MINUTEN-SEQUENZ

Hören Sie auf Ihren Körper, seien Sie sanft zu sich und wechseln Sie achtsam von einer Haltung in die nächste. Wenn Sie möchten, können Sie dazu eine Duftkerze anzünden oder entspannende Musik hören.

01

DYNAMISCHE KINDHALTUNG

Beugen Sie im Knien Ihren Oberkörper sanft nach vorn über die Oberschenkel. Legen Sie den Kopf auf einem Block ab. Strecken Sie die Arme in schulterbreitem Abstand nach vorn. Atmen Sie natürlich, verlängern Sie die Arme und ziehen Sie das Steißbein nach hinten. Stellen Sie sich beim Ausatmen vor, wie Sie ganz lang werden. Die Position so lange halten, wie sie Ihnen angenehm ist.

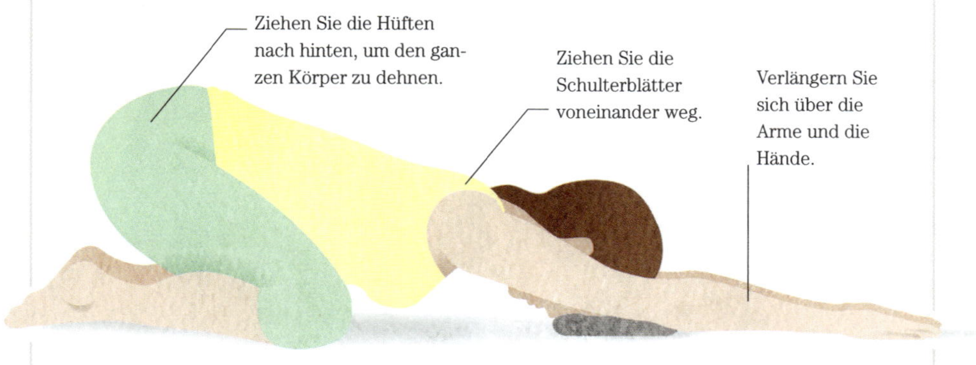

02

EINBEINIGE PLANKE

Diese Übung ist ein erstes vorsichtiges Bauchmuskeltraining. Kommen Sie in den Vierfüßlerstand: Die Knie sind geöffnet, die Hände stehen unter den Schultern. Drücken Sie die Hände in den Boden und spannen Sie den Beckenboden sanft an. Strecken Sie ein Bein nach hinten und stellen Sie die Zehen auf. Einatmen, und mit dem Ausatmen schieben Sie bei stabilem Becken die Ferse nach hinten. Richten Sie Ihre Aufmerksamkeit auf Ihren Atem, spannen Sie den Beckenboden sanft an und halten Sie die Position mehrere Atemzüge lang. Kehren Sie dann in den Vierfüßlerstand zurück und wechseln Sie zum anderen Bein. Wenn möglich, können Sie auch beide Beine strecken und in die vollständige Planke gehen.

03

LIEGESTÜTZ KNIEND

Diese Übung kräftigt Oberkörper und Körpermitte, damit Sie Ihr Baby tragen können. Schieben Sie den Oberkörper im Vierfüßlerstand sanft nach vorn, bis die Schultern etwas vor den Handgelenken sind. Beugen Sie die Ellbogen und senken Sie die Brust zwischen den Händen ab, aber nur so weit, wie es angenehm ist. Anfangs kann dies auch eine kleine Bewegung sein. Halten Sie hier kurz, ziehen Sie dann den Bauch Richtung unteren Rücken und strecken Sie die Arme wieder. Kehren Sie in den Vierfüßlerstand zurück. 3–5 Mal wiederholen, wie es für Sie angenehm ist.

DAS BABY IST DABEI

Sie können bei dieser Übung auch Ihr Kind neben sich legen und ihm einen Kuss geben, bevor Sie sich hochdrücken.

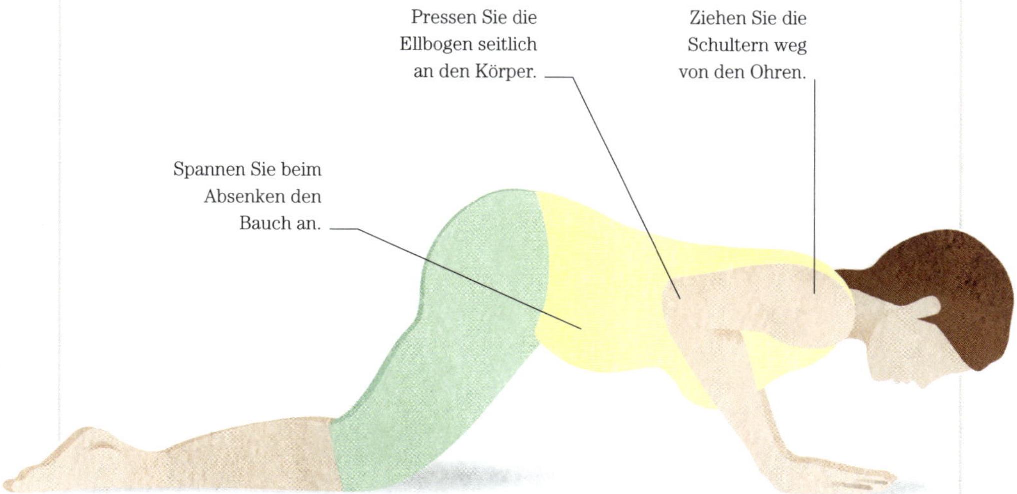

04

SPHINX

Legen Sie sich mit ausgestreckten Beinen auf den Bauch. Bringen Sie Ihre Ellbogen direkt unter Ihre Schultern und lassen Sie die Unterarme nach vorn zeigen. Heben Sie Brust und Kopf. Atmen Sie ganz natürlich. Spannen Sie beim Ausatmen leicht den Beckenboden an. Drücken Sie das Becken und die Fußrücken in den Boden und schieben Sie die Brust nach vorn. Halten Sie die Position 1 Minute, wenn möglich. Bis zu 3 Mal wiederholen.

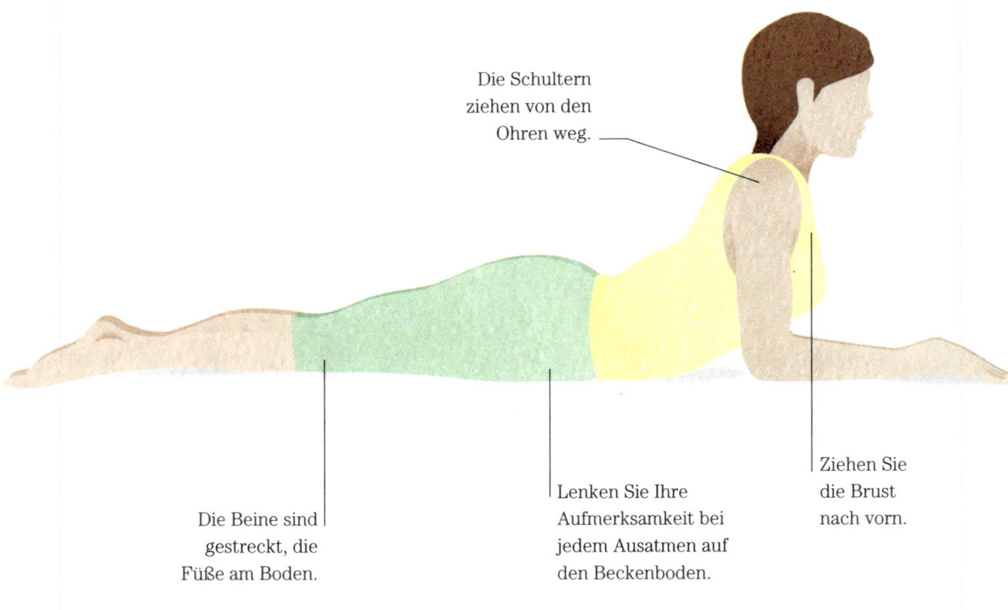

05

UNTERARM-PLANKE

Verschränken Sie in der Sphinx-Stellung die Hände und richten Sie den Blick auf die Hände. Stellen Sie die Zehen auf und spannen Sie Beckenboden und Bauch sanft an. Wenn es angenehm ist, schieben Sie die Fersen nach hinten und heben Bauch, Becken und Oberschenkel an, sodass sie parallel zum Boden sind. Atmen Sie sanft 3–5 Mal. Dann senken Sie die Hüften ab und ruhen Sie in der Sphinx-Pose. 2–3 Mal wiederholen, dann vorsichtig aufstehen.

SCHWERE ÜBUNG

Machen Sie die Planke nur, wenn Sie in dieser Haltung bequem atmen können.

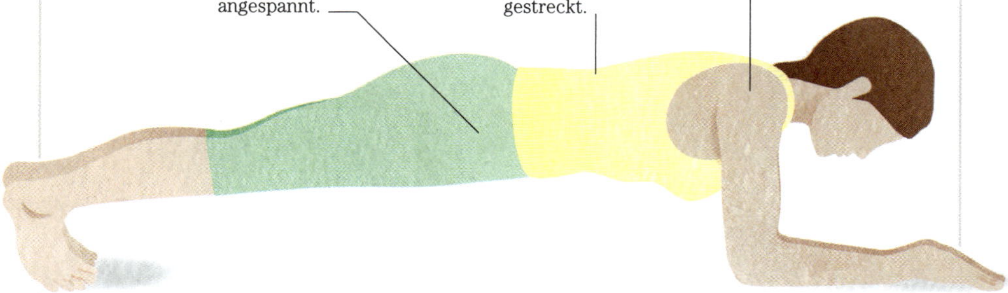

»Diese Übung festigt und stärkt die Muskeln der Körpermitte.«

06

BAUM

Nehmen Sie die Berghaltung ein und fokussieren Sie einen Punkt vor sich, um sich zu stabilisieren. Verlagern Sie Ihr Gewicht auf den rechten Fuß und drehen Sie das linke Knie nach außen. Bringen Sie den linken Fuß an die Innenseite des rechten Beins. Verwurzeln Sie sich mit dem Standbein. Spannen Sie den Beckenboden an und strecken Sie die Arme zum Himmel. Sanft atmen, so lange halten wie möglich, dann die Beine wechseln.

07

KRIEGER

Setzen Sie aus der Berghaltung den rechten Fuß möglichst weit nach hinten und kommen Sie ins Gleichgewicht. Beugen Sie das linke Knie bis über das linke Fußgelenk. Halten Sie das Becken gerade, strecken Sie den rechten Fuß über die Ferse und spannen Sie die rechte Gesäßhälfte an, um sich zu stabilisieren. Strecken Sie die Arme zum Himmel. Atmen Sie entspannt 5 Mal ein und aus, strecken Sie dann die Arme nach vorn und bringen Sie das hintere Bein mit Kraft aus dem vorderen Bein nach vorn. Auf der anderen Seite wiederholen.

08

LIEGENDE DREHUNG

Ziehen Sie in der Rückenlage die Knie an die Brust. Schaukeln Sie sich leicht hin und her und spüren Sie die sanfte Rückenmassage. Lassen Sie dann die Knie zur rechten Seite sinken, ziehen Sie sie an die Brust und legen Sie den rechten Arm auf das obere Knie. Atmen Sie sanft und strecken Sie den linken Arm zur Seite und leicht schräg nach oben, um Brust und Arm zu dehnen. Wenn Sie möchten, drehen Sie den Kopf zum ausgestreckten Arm. 5–10 Atemzüge halten, dann auf der anderen Seite wiederholen.

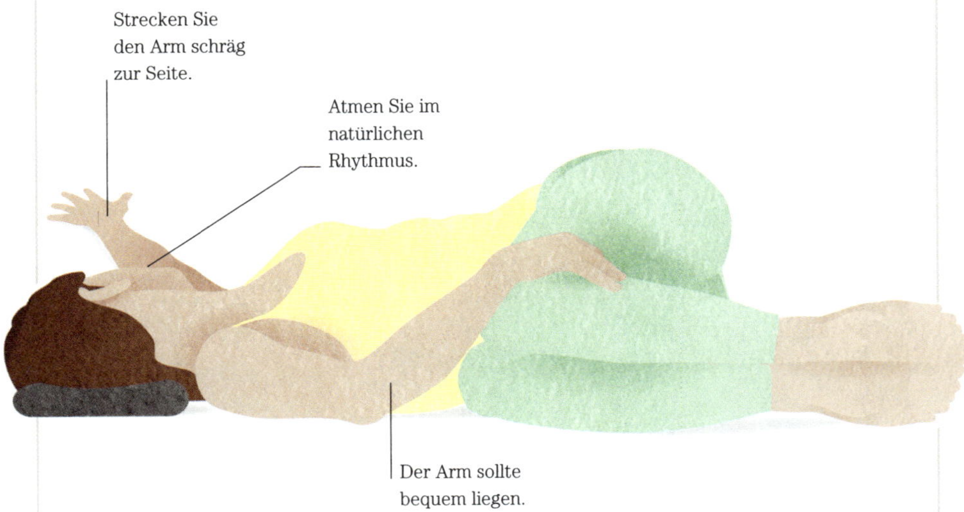

09

RUHEHALTUNG

Legen Sie einen Stapel Kissen (oder ein Polster) auf den Boden und setzen Sie sich mit dem unteren Rücken gegen die kurze Seite der Kissen. Senken Sie langsam den Rücken mit Unterstützung der Arme auf die Kissen ab, sodass er gestützt und bequem liegt. Bei Bedarf legen Sie sich eine Unterlage unter den Kopf. Lassen Sie die Arme entspannt zu den Seiten sinken und strecken Sie die Beine. Atmen Sie ruhig und genießen Sie die Entspannung, solange Sie möchten.

FÜR MEHR WEITE

Diese Entspannungsübung entspannt die Körperrückseite und öffnet die Vorderseite.

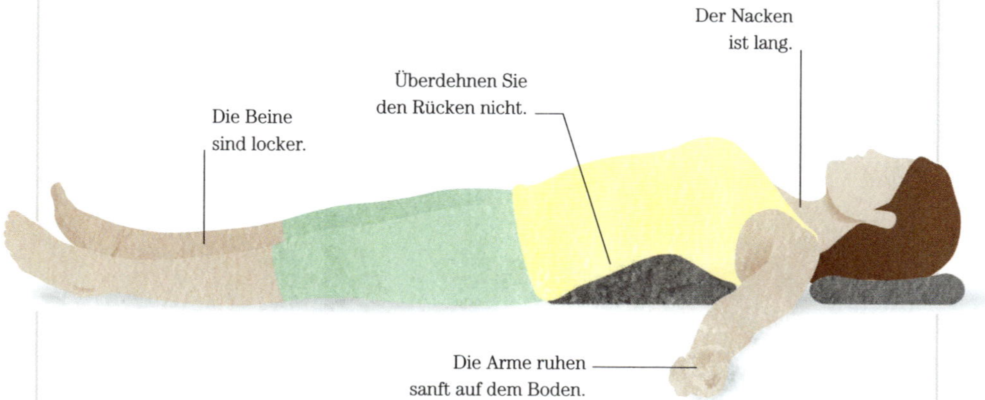

»Genießen Sie die Auszeit. Entspannen Sie sich mit jedem Ausatmen etwas mehr.«

HIER FINDEN SIE HILFE

Zögern Sie bei Problemen und Krisen nicht, sich Hilfe zu suchen. Bei Notfällen wählen Sie 110 oder wenden Sie sich an einen ambulanten Krisendienst.

Vor und nach der Geburt

Hilfe für Schwangere und Eltern mit Kindern bis drei Jahre
https://familienportal.de/familienportal/lebenslagen/krise-und-konflikt/fruehe-hilfen

Informationen und Suche nach Beratungsstellen zum Thema Schwangerschaft
www.familienplanung.de

Wenn das Babygeschrei zur Belastung wird
https://www.elternsein.info/suche-schreiambulanzen/

Geburtstrauma

Informationen, Online-Forum und weltweites Adressennetzwerk nach belastenden Geburten
www.kaiserschnitt-netzwerk.de

Begleitung bei der Verarbeitung des Geburtserlebnisses mit Adressen von speziell geschulten Hebammen in Deutschland, Österreich und der Schweiz
www.geburtsverarbeitung.de

Stillen

www.stillkinder.de

La Leche Liga
www.lalecheliga.de
www.lalecheliga.at
www.lalecheleague.ch

www.swissmom.ch

Psyche

Wenn irgendein Inhalt dieses Buches starke Emotionen in Ihnen auslöst, sprechen Sie bitte mit jemandem, der Sie unterstützt.
Bei psychischen Problemen kann Ihr Arzt Sie gegebenenfalls an einen örtlichen psychologischen Dienst verweisen und Sie über lokale Selbsthilfegruppen und Organisationen für psychische Gesundheit informieren, die Unterstützung anbieten.

Info-Telefon Depression 0800 / 33 44 533
Mo, Di, Do: 13:00 – 17:00 Uhr
Mi, Fr: 08:30 – 12:30 Uhr

Die Marcé Gesellschaft bietet eine Adressliste von Aufnahmestellen bei postpartalen psychischen Erkrankungen, Literaturtipps und weitere Links.
www.marce-gesellschaft.de/adressen/

Unterstützung für Mütter und Väter, die nach der Geburt ihres Kindes Symptome wie Niedergeschlagenheit, innere Leere, Schuldgefühle oder zwiespältige Gefühle gegenüber dem Kind verspüren.
Die Hotline 01577 / 47 42 654 ist tagsüber montags von 10 bis 18 Uhr erreichbar und donnerstags von 10 bis 15 Uhr.
www.wochenbettdepression-hotline.de

Bei psychischen Erkrankungen während der Schwangerschaft und nach der Geburt
Mutter-Kind-Behandlung.de

Selbsthilfeorganisation und weltweites Netzwerk zu peripartalen psychischen Erkrankungen
www.schatten-und-licht.de

NÜTZLICHE INFORMATIONEN

Babymassage und Yoga

Babymassage
www.eltern.de

Yoga mit Baby
www.netmoms.de
www.swissmom.ch

Yoga
www.yoga.de
www.yoga.at
www.yoga.ch

Mitgefühl und Achtsamkeit

Calm; Clementine; Headspace (Apps)

www.institut-fuer-achtsamkeit.de

www.zentrum-fur-achtsamkeit.ch

www.mbsr-verband.de

www.öbam.at

Weiterführende Literatur

Mike Annesley, *Achtsamkeit – eine Anleitung*. Dorling Kindersley (2020).
Anna Black, *Mein Journal für ein achtsames Leben*. Dorling Kindersley (2020).
Nadia Narain und Katia Narain-Philipps, *Rituale. Self-Care im Alltag*. Dorling Kindersley (2019).
Die kleine Hausapotheke für Körper & Geist. Dorling Kindersley (2021).

LITERATURVERZEICHNIS

Allgemein

N. Bardacke, *Mindful Birthing: Training the Mind, Body, and Heart for Childbirth and Beyond*, HarperCollins (2012).

M. Cree, *The Compassionate Mind Approach to Postnatal Depression: Using Compassion Focused Therapy to Enhance Mood, Confidence and Bonding*, Robinson (2015).

P. Gilbert, *The Compassionate Mind*, Robinson (2009).

R. Harris, *The Happiness Trap: Stop Struggling, Start Living*, Robinson (2011).

J. Kabat-Zinn and M. Kabat-Zinn, *Everyday Blessings: Mindfulness for Parents*, Piatkus (2014).

A. Mathur, *Mind Over Mother*, Piatkus (2020).

P. Nicolson, *Postnatal Depression: Facing the Paradox of Loss, Happiness and Motherhood*, Wiley-Blackwell (2001).

O. Serrallach, *The Postnatal Depletion Cure: A Complete Guide to Rebuilding Your Health and Reclaiming Your Energy for Mothers of Newborns, Toddlers and Young Children*, Sphere (2018).

N. Stadlen, *What Mothers Do: Especially When It Looks Like Nothing*, Piatkus (2004).

J. Ussher, *Managing the Monstrous Feminine: Regulating the Reproductive Body*, Routledge (2006).

K. Whittingham, *Becoming Mum*, Pivotal Publishing (2015).

NHS, »The Solihull Approach,« NHS Solihull Approach [web page], www.solihullapproachparenting.com (aufgerufen Mai–Aug. 2021).

Seite 10
J. Kabat-Zinn, »Mindfulness-based Interventions in Context: Past, Present, and Future,« *Clinical Psychology: Science and Practice* 10, Nr. 2 (2003), S. 144–156.

Seite 12
E. S. Potharst et al., »Mindful With Your Baby: Feasibility, Acceptability, and Effects of a Mindful Parenting Group Training for Mothers and Their Babies in a Mental Health Context,« *Mindfulness* 8 (2017), S. 1236–1250.

C. C. Turpyn et al., »Affective Neural Mechanisms of a Parenting-focused Mindfulness Intervention,« *Mindfulness* 12 (2021), S. 392–404.

Seite 14
E. Hoekzema et al., »Pregnancy Leads to Long-lasting Changes in Human Brain Structure,« *Nature Neuroscience* 20 (2017), S. 287–296.

D. Raphael, »Matrescence, Becoming a Mother, A ›New/Old‹ Rite de Passage,« *Being Female*, De Gruyter Mouton (2011), S. 65–72.

A. Sacks, »A New Way to Think about the Transition to Motherhood,« TED [Webvideo], Mai 2018, www.ted.com/talks/alexandra_sacks_a_new_way_to_think_about_the_transition_to_motherhood.

Seite 16
P. Choi et al., »Supermum, Superwife, Supereverything: Performing Femininity in the Transition to Motherhood,« *Journal of Reproductive and Infant Psychology* 23, Nr. 2 (2005), S. 167–180.

K. Russell et al., *Maternal Mental Health—Women's Voices*, Royal College of Obstetricians and Gynaecologists (2017).

Seiten 17 und 113
D. W. Winnicott, *Playing and Reality*, Tavistock Publications (1971).

Seiten 20–21
P. Fonagy and E. Allison, »What is Mentalization? The Concept and its Foundations in Developmental Research,« *Minding the Child*, Routledge (2013), S. 25–48.

Three Circle model adapted from P. Gilbert, *The Compassionate Mind*, Robinson (2009). With permission from Little, Brown Book Group Ltd.

P. Gilbert, »The Origins and Nature of Compassion Focused Therapy,« *British Journal of Clinical Psychology* 53, Nr. 1 (2014), S. 6–41.

Seite 23
K. Le Nguyen et al., »Loving-kindness Meditation Slows Biological Aging in Novices: Evidence from a 12-week Randomized Controlled Trial,« *Psychoneuroendocrinology* 108 (2019), S. 20–27.

Seiten 23 und 27
B. Hölzel et al., »Mindfulness Practice Leads to Increases in Regional Brain Gray Matter Density,« *Psychiatry Research: Neuroimaging* 191, Nr. 1 (2011), S. 36–43.

Seite 27
M. J. Schroevers et al., »Is Learning Mindfulness Associated with Improved Affect After Mindfulness-based Cognitive Therapy?« *British Journal of Psychology* 101, Nr. 1 (2010), S. 95–107.

M. Williams et al., *Mindfulness: A Practical Guide to Finding Peace in a Frantic World*, Piatkus (2011).

Seite 33
B. Knechtle et al., »Cold Water Swimming-Benefits and Risks: A Narrative Review,« *International Journal of Environmental Research and Public Health* 17, Nr. 23 (2020).

Seite 34
R. Bragg et al., »Ecominds: Effects on Mental Wellbeing,« *Mind* (2013), S. 1–112.

A. McGeeney, *With Nature in Mind: The Ecotherapy Manual for Mental Health Professionals*, Jessica Kingsley Publishers (2016).

Seite 35
T. Field, »Infant Massage Therapy Research Review,« *Clinical Research in Pediatrics* 1, Nr. 2 (2018), S. 1–9.

Seiten 36–39
C. L. Dennis et al., »Traditional Postpartum Practices and Rituals: A Qualitative Systematic Review,« *Women's Health* 3, Nr. 4 (2007), S. 487–502.

Seite 44
K. M. Robson and R. Kumar, »Delayed Onset of Maternal Affection after Childbirth,« *The British Journal of Psychiatry* 136, Nr. 4 (1980), S. 347–353.

Seite 46
W. Hollway, »Rereading Winnicott's ›Primary Maternal Preoccupation,‹« *Feminism and Psychology* 22, Nr. 1 (2012), S. 20–40.

Seite 67
R. E. Moore et al., »Early Skin-to-skin Contact for Mothers and their Healthy Newborn Infants,« *Cochrane Database of Systematic Reviews* 11 (2016).

Seite 68
D. Daws, »A Child Psychotherapist in the Baby Clinic of a General Practice,« *Reflecting on Reality: Psychotherapists at Work in Primary Care*, Routledge (2005), S. 18–36.

Seite 71
NICE, »Antenatal and Postnatal Mental Health: Clinical Management and Service guidance« NICE Guidance [web Seite], Guidance 1 Recommendations (2014), www.nice.org.uk/guidance/cg192/chapter/1-recommendations (aufgerufen Mai–Aug. 2021).

Seite 110
N. K. Law et al., »Common Negative Thoughts in Early Motherhood and Their Relationship to Guilt, Shame and Depression,« *Journal of Child and Family Studies* 30 (2021), S. 1–15.

Seite 113
E. Z. Tronick, »Emotions and Emotional Communication in Infants,« *American Psychologist* 44, Nr. 2 (1989), S. 112–119.

Seite 125
N. Jones, »Babies' Musical Memories Formed in Womb,« *New Scientist* [web article], July 2001, www.newscientist.com/article/dn994-babies-musical-memories-formed-in-womb (aufgerufen Mai–Aug. 2021).

Seiten 136–137
Exercise adapted from K. Whittingham, *Becoming Mum*, Pivotal Publishing (2015).

Seite 149
C. Boyd and K. Gannon, »How Do New/recent Mothers Experience Unwanted Thoughts of Harm Related to their Newborn? A Thematic Analysis,« *Journal of Reproductive and Infant Psychology* 37, Nr. 5 (2019).

N. Fairbrother, »Perinatal Obsessive-compulsive Disorder and Infant-related Harm Thoughts: Prevalence and Relation to Infant Safety.« Academic Perinatology Rounds, BC Women's Hospital and Health Centre, Vancouver, BC; Presenter. Juni 2021.

Seite 151
S. Fraiberg et al., »Ghosts in the Nursery: A Psychoanalytic Approach to the Problems of Impaired Infant-mother Relationships,« *Journal of the American Academy of Child Psychiatry* 14, Nr. 3 (1975), S. 387–422.

Seite 160
B. Elliott, »The 9 Best Foods and Drinks to Have Before Bed,« *Healthline* [Internet-artikel], August 2020, www.healthline.com/nutrition/9-foods-to-help-you-sleep (aufgerufen Mai–Aug. 2021).

Seiten 162–163
Exercise adapted from R. Harris, *ACT Made Simple*, New Harbinger Publications, Inc. (2009); and S. Hayes and S. Smith, *Get Out of Your Mind and into Your Life*, New Harbinger Publications, Inc. (2005).

Seite 165
S. M. Chang et al., »Effects of an Intervention with Drinking Chamomile Tea on Sleep Quality and Depression in Sleep Disturbed Postnatal Women: A Randomized Controlled Trial,« *Journal of Advanced Nursing 72*, Nr. 2 (2016), S. 306–315.

Seite 173
Exercise adapted from T. Brach, »RAIN: Recognize, Allow, Investigate, Nurture,« T. Brach [web Seite], www.tarabrach.com/rain (aufgerufen Mai–Aug. 2021).

Seiten 187 und 189
A. Daminger, »The Cognitive Dimension of Household Labor,« *American Sociological Review* 84, Nr. 4 (2019), S. 609–633.

A. McMunn et al., »Gender Divisions of Paid and Unpaid Work in Contemporary UK Couples,« *Work, Employment and Society* 34, Nr. 2 (2019), S. 155–173.

Seite 191
G. J. Privitera et al., »Proximity and Visibility of Fruits and Vegetables Influence Intake in a Kitchen Setting Among College Students,« *Environment and Behavior* (2012).

Seite 195
The Gottman Institute [web Seite] www.gottman.com (aufgerufen Mai–Aug. 2021).

Seite 198
E. Rodsky, *Fair Play: A Game-changing Solution for When You Have Too Much to Do (and More Life to Live)*, Quercus (2019).

Die vollständige Liste der Quellen, Studien und Forschungsergebnisse aus diesem Buch finden Sie hier:
www.dk.com/mnm-biblio

Register

DANK

der Autorin
Mein größter Dank gilt Laurie, meinem Mann, Freund, geduldigem Korrekturleser. Meinen beiden Kindern Isla und Reuben, deren Existenz den Anstoß zu meiner Doktorarbeit und nun zu diesem Buch gab. Eure Liebe und euer Geist erden mich jeden Tag. Ich danke auch meinen Eltern und Schwiegereltern für ihre Ermutigung und Liebe und meinem verstorbenen Vater, der mich vor 25 Jahren zum ersten Mal an Meditation herangeführt hat.

So wie es ein Dorf braucht, um ein Kind großzuziehen, braucht es auch eines, um ein Buch über Mutterschaft zu schreiben. Vielen Dank an Claire Wedderburn-Maxwell für ihre herzliche und durchdachte redaktionelle Anleitung und an Dawn Henderson für ihr Vertrauen in mich. An das DK-Team, das hart gearbeitet hat, um ein so schönes Buch zu machen, von dem ich hoffe, dass es jungen Müttern Trost und Hilfe ist. An Dr. Sara Anderson, für ihre Klugheit, ihr Feedback und ihre (wie immer) zurückhaltende Präsenz. An meine wunderbare Yogalehrerin Sunnah Rose, die so großzügig Zeit und Fachwissen mit mir geteilt hat. Mein herzlicher Dank gilt meinem Therapeuten AG und Drs. Faye Nikopaschos, Nicola Jacyna, Sarah Rowe und Helen Sharples für ihren weisen Rat und ihre Unterstützung und Sharon Lee Plaskit und Dr. Rebecca Moore für ihre unschätzbaren Anregungen und Hinweise. Ein riesiges Dankeschön an Jay Ehrlich; an die zertifizierte Diätassistentin Nichola Ludlam-Raine; Anya Hayes, Autorin von *The Supermum Myth* und *Postnatal Pilates*; Masseurin Hannah Johnson; Ernährungsberaterin Thalia Pellegrini; und Yoga-Nidra-Lehrerin Sara Johnson für das Teilen ihrer Weisheit und ihres Fachwissens. Herzlichen Dank an Mothers At Home Matter, Dr. Tina Mistry und Kemi Omijeh für ihre Hilfe bei der Rekrutierung und an die Mütter, die ihre Erfahrungen in diesem Buch eindrucksvoll mitteilen. Und schließlich danke ich meinen Kunden und den Müttern, die auf Instagram mit mir sprechen und von denen ich so viel lerne. Lasst uns weiterhin alles tun, um Mitgefühl für alle Mütter zu wecken.

des Herausgebers
DK dankt Jane Ellis für das Lektorat und Hilary Bird für das Register.

HAFTUNGSAUSSCHLUSS

Die Informationen in diesem Buch sind als allgemeine Anleitung zu den behandelten Themen gedacht. Sie sind kein Ersatz für professionelle medizinische oder pharmazeutische Beratung. Alle Angelegenheiten, die Ihre Gesundheit und die Ihres Babys betreffen, bedürfen einer ärztlichen Betreuung. Bitte konsultieren Sie Ihren Arzt, bevor Sie eine der in diesem Buch beschriebenen Aromatherapien, Ernährungstipps, Übungen, Techniken, Naturheilmittel und alternativen Therapien anwenden. Weder die Autorin noch der Herausgeber sind haftbar oder verantwortlich für Verluste oder Schäden, die sich direkt oder indirekt aus Verwendung oder Missbrauch der in diesem Buch enthaltenen Informationen ergeben.

ÜBER DIE AUTORIN

Die klinische Psychologin **Dr. Caroline Boyd** hat einen MA in klassischer Altertumswissenschaft, einen MSc in Psychologie und einen Doktortitel in klinischer Psychologie. Sie arbeitet seit mehr als zehn Jahren im britischen National Health Service und im Bereich der psychischen Gesundheit. In ihrer eigenen psychologischen Praxis Parent Therapy Hub hat sie sich auf die Unterstützung junger Eltern spezialisiert.

Caroline Boyd bearbeitet mit den jungen Eltern alle Aspekte des Übergangs – von der Schwangerschaft zur Geburt und darüber hinaus. Sie verfolgt einen ganzheitlichen Ansatz im Hinblick auf das Wohlbefinden und untersucht in ihrer veröffentlichten Forschung die Erfahrungen von Müttern, die negative Gedanken über ihre Babys haben. Caroline Boyd hält Vorträge auf Konferenzen, einschließlich der jährlichen Birth Trauma-Konferenz, und teilt psychologische Gedanken auf Instagram, ihrem Blog und Podcasts wie *Motherkind*, um Eltern zu helfen, sich mit sich selbst und ihren Kindern verbunden und weniger allein zu fühlen.
Folgen Sie Caroline Boyd auf Instagram: @_drboyd

Penguin Random House

DK London

Lektorat Katie Cowan, Dawn Henderson, Dawn Titmus, Kiron Gill, Claire Wedderburn-Maxwell
Gestaltung und Bildredaktion Maxine Pedliham, Marianne Markham
Umschlaggestaltung Amy Cox, Lucy Philpott
Herstellung Tony Phipps, Luca Bazzoli
Illustrationen Keith Hagan
Fotos Ruth Jenkinson
Styling Robert Merrett, Isabel de Cordova

Für die deutsche Ausgabe:
Programmleitung Monika Schlitzer
Redaktionsleitung Dr. Kerstin Schlieker
Projektbetreuung Caren Kinscherf
Herstellungsleitung Dorothee Whittaker
Herstellungskoordination Katharina Schäfer
Herstellung Stefanie Staat

Titel der englischen Originalausgabe:
Mindful New Mum.
A Mind-Body Approach to the Highs and Lows of Motherhood

Übersetzung Karin Hofmann
Lektorat Anke Wellner-Kempf

ISBN 978-3-8310-4551-8

Druck und Bindung TBB, a.s., Slowakei

FSC www.fsc.org
MIX
Papier | Fördert gute Waldnutzung
FSC® C018179

www.dk-verlag.de